이 책에 쏟아진 찬사

★★★★★

서울시장을 하면서 2000년대 중반부터 창조산업의 중요성을 강조했었다. 이후 이 용어가 많이 쓰이기 시작했는데 내가 생각했던 취지하고 좀 달라진 면이 있어서 아쉬웠다. 그런데 다시 최근 들어 우리나라의 미래를 이야기할 때 이 부분을 빼놓을 수 없는 상황이 되었다. 특히 IT 기술의 발달과 더불어 유튜브, 인스타, 틱톡 등의 플랫폼이 창조산업의 딜리버리 채널로 완전히 대중화되었고 K콘텐츠의 글로벌화가 더욱 가속화되었다. 그리고 그 중심에 서울이 있다. 대한민국의 중심 서울이 창조산업의 중요한 한 축인 디지털 크리에이터들에게 세계 제일의 성지가 되었으면 한다. 그런 취지에서 이 책은 꼭 읽어볼 만하다.

- 오세훈, 서울시장

"커서 유튜버가 될래요."라는 말을 요즘 아이들은 많이 한다. 아이들이 유튜버가 되고 싶다는 말을 들으면 어른들은 걱정 반과 의심 반이 섞인 시선을 보낸다. 기존 세대의 시선으로는 크리에이터를 완벽하게 이해하기 어려운 것이다. 하지만 크리에이터들은 자신이 좋아하는 일을 하면서 많은 수익을 창출하고 있다. 그리고 세계 시장까지 장악하고 시장을 주도하는 위치에까지 이르렀다. 이 책을 읽고 나면 그들이 왜 콘텐츠 크리에이터가 됐는지 이해할 수 있을 뿐만 아니라 콘텐츠 크리에이터로서 성공하려면 어떻게 해야 하는지를 알 수 있다. 트렌드에 뒤처지지 않고 콘텐츠 시장에서 한국의 위상을 확인하게 될 것이다.

– 최재붕, 성균관대학교 부총장

소셜미디어의 방식은 하루가 다르게 변화하고 있다. 최근 들어 가장 급성장하고 있는 분야이지만 그 역사가 길지 않아 생태계 참가자들이 만들어내는 비즈니스 모델이 시시각각 변화하는 것이다. 변화의 흐름을 놓치지 않기 위해 생태계 안에서 크리에이터들이 어떻게 진화하는지를 기업 차원에서만 본 것이 아니라 글로벌 시장 차원에서 바라보았다. 산업 전체가 어떻게 흘러가고 있는지 저자가 직접 경험한 사례들을 토대로 현실감 있고 재미있게 설명했다.

– 홍성태, 한양대학교 경영대학 명예교수

더 이상 우리 사회는 크리에이터를 빼고 논할 수 없는 상황에 이르렀다. 이미 세계 콘텐츠 시장의 중심축이 한국의 크리에이터로 넘어와버린 이상 한국의 크리에이터들에 대해 알아야만 한다. 어떻게 이들은 세계 콘텐츠 시장과 유튜브를 장악하고 트렌드를 주도할 수 있었을까? 지금 우리는 이들의 성공비결을 익히기 위해 고민해야 할 것이다. 이 책은 콘텐츠를 만드는 비법을 A부터 Z까지 상세하게 분석하고 키워드를 풀어내고 있다. 트렌드에 뒤처지지 않고 크리에이터 이코노미와 콘텐츠 시장이 돌아가는 상황을 알 수 있게 되는 건 덤이다.

- 김동환, 「삼프로 TV」 소장

2023년을 보내고 2024년을 맞이하는 한 해의 마지막 날 서울 동대문디자인플라자DDP에 전 세계의 내로라하는 인플루언서들이 한자리에 모였다. 국내는 물론 해외 인플루언서들이 자발적으로 서울에 모였다. 이것이 의미하는 바는 무엇일까? 최초로 사람을 대상으로 박람회가 열릴 정도로 콘텐츠 크리에이터의 영향력과 경쟁력은 더 이상 무시할 수 없는 수준에 이르렀다. 내가 오랫동안 알아온 김현우 대표는 그런 주제로 이야기할 수 있는 최고의 적임자다.

- 온오빠, 팔로어 2,100만 보유 틱톡커

크리에이터는 고유한 콘텐츠를 자기 뜻대로 자유롭게 제작해 온라인 채널로 공개하는 사람이다. 인플루언서는 여기에 더해 영향력을 갖춘 사람이다. 흔히 우리가 생각하는 유명 유튜버가 정의에 잘 부합한다. K크리에이터의 생태계와 미래 방향을 본격적으로 분석한 책. 중요 인플루언서와 크리에이터를 인터뷰한 내용을 바탕으로 크리에이터 이코노미가 무엇인지 쉽게 설명한다. 게다가 재미도 있다. 당장 일독을 권한다.

- 이수진, 야놀자 총괄대표

흔히들 크리에이터 이코노미1.0을 넘어 크리에이터 이코노미2.0으로 가야 한다고 말한다. 현재 우리의 유튜브 생태계가 1.0이고 아직 2.0은 도래하지 않았다. 한국이 콘텐츠 산업의 선두 주자의 위치를 더욱 공고하게 하기 위해서는 유료 구독과 고객 직접판매가 가능한 2.0 환경에 빠르게 적응해야 한다. 전문가들은 크리에이터 이코노미 3.0까지 예견하고 있다. 이 책은 각 구조가 가진 특성에 대해 상세하게 설명해준다. 유튜브 등 플랫폼 산업의 구조를 이해하고 변화의 흐름에 올라타고 싶다면 반드시 참고할 책이다.

– 강신장, 모네상스 대표·CEO클럽 루첼라이 정원 원장

유튜브와 콘텐츠에 대한 이해는 일상을 살아갈 때도, 일을 할 때도, 사람들과 소통을 할 때도, 물건을 팔 때도 이제는 없어서는 안 돼버렸다. 그만큼 유튜브와 콘텐츠, 크리에이터와 인플루언서가 중요해진 시점에 출간된 이 책은 한국의 콘텐츠 크리에이터들을 다루고 있다. 이 책을 읽고 나면 크리에이터 이코노미를 이해할 수 있고 한국의 크리에이터가 세계에서 어떤 위치를 점하고 있는지 단번에 이해할 수 있다. 그래서 콘텐츠에 관한 무언가를 하고 싶다면 이 책을 꼭 읽어야 한다.

– 이필성, 샌드박스 네트워크 대표이사

모든 세계인이 한국의 콘텐츠에 열광한다. 한국인 입장에서는 대체 이들이 왜 이러나 싶지만 이 책에 나오는 사례들을 읽어 보면 이해가 된다. 이미 한국의 많은 크리에이터들은 자신들의 위력을 증명

했다. 예전에는 우리가 다른 나라의 콘텐츠에 열광하고 그들의 콘텐츠를 따라 했다. 하지만 지금은 전 세계가 한국의 콘텐츠의 성공 비결을 배우고 싶어 한다. 미래 유튜브와 콘텐츠를 이끌어갈 주역은 K크리에이터다. 세상의 주도권은 이들 크리에이터들에 의해 완전히 바뀔 것이다. 이 책은 크리에이터를 이해하는 데 나침반과 같은 존재가 되어줄 책이다. 이 책을 읽고 나면 유튜브 시장을 공략하는 데 성공해서 마케팅에 성공하고 트렌드를 쉽게 따라갈 수 있다.

- 윤제균, 영화감독

유튜브는 대체 어떤 방식으로 작동되고 유튜버들의 수입은 어디에서 비롯되는지를 궁금해하는 사람이 많을 것이다. 크리에이터들은 어떻게 경제 활동을 할까? 이 책은 크리에이터 생태계를 꿰뚫어 보고 앞으로 미래 산업을 통찰력 있게 전망하고 있다. 한국의 콘텐츠 산업에 대한 비전을 제시한다.

- 조병규, 우리은행장

스티브 잡스도 몰랐던

크리에이터 이코노미

스티브 잡스도 몰랐던

크리에이터 이코노미

Creator Economy

크리에이터는 어떻게
글로벌 콘텐츠 산업을 이끌어가는가

김현우 지음

인플루언서와 크리에이터의 세계

● 최근 초등학생들을 대상으로 조사를 하면 장래 희망 중에 유튜버가 상위에 있다. 전에는 정말 상상할 수도 없었던 직군이 등장한 것이다. 그런데 이 유튜버로 대표되는 인플루언서와 크리에이터는 그 용어에 대한 정확한 정의조차 제대로 되어 있지 않을 정도의 짧은 시간에, 특히 최근 몇 년 동안에 급성장을 했다. 이 분야의 빠른 확장성을 보면서 그리고 활발하게 활동하는 많은 인플루언서와 크리에이터를 만나면서 정리를 한번 해보고 싶다는 생각이 강하게 들었다. 어떤 사람들이 되는지, 왜 되었는지, 인플루언서 또는 크리에이터 활동에 만족하는지, 이들의 활동이 지금 우리에게 어떤 의미인지, 이들은 활동을 통해 얼마나 수입을 올리는지, 이들이 활동하는 크리에이터 이코노미는 어떻게 돌아가는지 등을 다 정리할 수는 없다. 하지만 유튜브를 중심으로 활동하는 몇몇 인플루언서들의 얘기를 정리하면서 한국의 미디어 산업과 콘텐츠 산업에서 이들이 차지하는 역할은 무엇이고 그 의미는 무엇인지 궁금했다.

지난 몇 년간 정말 많은 인플루언서와 크리에이터를 만났다. 그중에는 유튜버도 있었고 틱톡커도 있었다. 엄청난 끼를 가진 사람도 있었고 소위 높은 스펙의 유학파도 있었다. 서울대 대학원에서 석사를 마치고 국방과학연구소에서 연구원으로 있던 사람도 있었고 학교 선생님도 있었다. 특히 인상에 남는 유튜버 중 한 명은 ASMR을 주요 콘텐츠로 했는데 아버지가 하도 반대해서 더운 여름에 두꺼운 이불을 덮어쓰고 했다고 회상했다. 왜 그들은 통념적으로 안정적이라고 생각하는 직장을 버리고 인플루언서 또는 크리에이터의 길을 선택했을까? 그들은 모두 다 후회하지 않는다고 한다. 정말 잘한 결정이었다고 말한다. 「삼프로TV」의 김동환 대표는 이렇게 말했다. "뉴미디어는 정말 효율적이에요. CNN도 아니고 블룸버그도 아닌데 저 같은 사람도 한국에서 콘텐츠를 생산한 경험으로 전 세계에 「삼프로TV」를 만드는 꿈을 꾸고 실행하고 있잖아요. 레거시 미디어 시스템에서는 정말 꿈도 꿀 수 없는 거잖아요."

인플루언서는 그냥 시대가 변하면서 등장한 새로운 홍보 수단이 아니다. 이제는 1인 미디어라는 표현이 더 어울리지 않을까 생각한다. 인플루언서의 정확한 의미는 말 그대로 남들에게 큰 영향력을 끼치는 사람이다. 이들은 자신들의 콘텐츠를 소비하는 많은 팔로어 혹은 구독자가 따르는데 그 이유는 참 다양하다. 외모가 아름답거나 개성이 있어서, 다루는 주제가 재미있거나 독특해서, 콘텐츠가 전문적이어서, 마음을 편안하게 해줘서, 그냥 많이 먹는 게 특이해서……이 많은 포인트를 레거시 미디어는 절대 소화하기 힘들 것이다. 인플루언서 또는 크리에이터가 자신의 콘텐츠를 주로 유튜브에 올려서 구독자들과 커뮤니케이션을 하면 유튜버라고 불린다. 틱톡에서 주로 활동하면 틱톡커라고 불린다. 즉 어떤 뉴미디어 플랫폼을 이용하느냐에 따라 다르게 호칭한다.

그런데 인플루언서라고 해서 다 크리에이터라고 말하기는 어렵다. 어떤 형태로든 콘텐츠를 만들어낸다는 광의의 의미에서는 크리에이터라고 말할 수 있다. 하지만 특정 주제의 콘텐츠를 생산하는 것이 아니라 그냥 셀럽이어서 많은 팔로어가 따르고 일상 사진을 올리는 인플루언서를 크리에이터라고 하지는 않는다. 그러다 보니 유튜버는 크리에이터이지만 인스타 인플루언서는 크리에이터라고 하기에 뭔가 부족하다. 그래서 그냥 인플루언서라고 한다. 물론 이것은 각 플랫폼의 특징에 기인한 것이기도 하다. 다시 정리하면 셀럽, 인플루언서, 크리에이터의 개념이 조금씩 다르고 주 무대로 활동하는 플랫폼에 따라 유튜버, 틱톡커 등으로 구분한다.

유명한 연예인 혹은 셀럽이라고 해서 다 인플루언서는 아니다. 유명한 연예인이라고 해서 꼭 많은 팔로어나 구독자가 있는 건 아니다. 많은 팔로어나 구독자를 가지려면 SNS 활동을 아주 열심히 해야 하는데 이미 유명한 연예인에게는 그게 만만한 일이 아니다. 많은 시간과 노력이 들기도 하고 이 활동에 큰 의미를 두지 않기도 한다. 그래서 수백만 수천만 팔로어를 가진 인플루언서들은 연예인이 아닌 경우가 많다. 그리고 많은 팔로어를 가졌다고 해서 비즈니스적 효율이 꼭 비례하여 나타나지도 않는다. 홍보나 커머스와 연동할 경우 팔로어가 많은 사람은 더 비싼 금액을 요구하지만 그 결과가 그 팔로어 수에 비례하지도 않는다. 따라서 인플루언서와 비즈니스를 하는 회사들은 그러한 효과와 관련한 데이터베이스를 구축하고 싶어 한다.

어떤 인플루언서에게 어떤 상품이 비즈니스적으로 효과적이었는지에 관한 데이터가 '돈'이 되는 것이다. 이제는 이러한 것을 분석하는 플랫폼 비즈니스가 활발해지고 있다.

산업에 따라 다르기는 하나 인플루언서의 역할이 비약적으로 커지면서 각 분야에서 이들의 중요성이 급격히 커지고 있다. 화장품을 중심으로 한 뷰티 산업에서 새로운 상품이나 서비스를 출시할 때 인플루언서를 이용한 마케팅은 이제 옵션이 아니라 필수다. 레거시 미디어를 이용한 방법보다 이 방법이 훨씬 효율적이고 좋은 결과를 가져온다는 것은 이제는 잘 알려진 기정사실이다. 인플루언서가 제작하는 콘텐츠에 상품을 노출하는 작업을 브랜디드 콘텐츠 제작이라고 한다. 영향력이 큰 인플루언서는 그 금액이 웬만한 모델이나 연예인보다 훨씬 높다. 그리고 광고 효과도 훨씬 좋다.

이런 트렌드를 좀 과격하게 반영한 K-드라마가 있다. 「셀러브리티」라는 넷플릭스 오리지널 드라마다. 좀 과장된 면이 있지만 이런 트렌드를 재미있게 풀어놓은 드라마로 전 세계적으로 꽤 시청율이 높았다. 불과 10년 전에는 없던 세상이다. 세상이 이렇게 빨리 바뀌고 있고 우리나라는 그 첨단에 있는 나라들 중 하나다. 우리가 이렇게 전 세계를 이끄는 분야가 점점 더 많아지고 있다. 전 세계 사람들이 인정하는 트렌드한 나라 한국. 우리 반만년 긴 역사의 과거에도 그랬을까? 전혀 아니었다. 그런데 어떻게 우리가 이렇게 되었을까? 일부분이기는 하지만 이 책에 그 이유를 정리해보았다.

세계 산업 발달의 역사와 한국 산업 발달의 역사

세계 산업 발달의 역사를 돌이켜보면 새롭게 등장하는 기술의 종류와 내용은 달라도 그 기술로 인해 나타나는 사람들의 대응은 늘 같았다. 패러다임을 바꾸는 신기술이 등장하면 큰 흐름이 만들어지고 이것이 대세로 굳어지면서 사람들을 편하게 하는 다양한 상품과 서비스가 출시됐다. 그 과정에서 누군가는 신기술의 확장성을 예견하고 트렌드를 적극적으로 받아들였고 누군가는 과소평가하거나 심지어는 저항하고 비판하기 바빴다. 이렇게 인류는 발전해왔다.

경제사적으로 보면 인류는 6,000~7,000년 정도의 농업 사회를 거치고 나서 약 200~300년 정도의 산업혁명 사회를 거쳤다. 그리고 지금은 50~100년 정도의 지식정보 사회를 거치고 있다. 많은 미래학자가 이다음에 올 사회를 고도의 테크와 감성이 결합한 '하이터치 사회'라고 하기도 하고 '감성 사회'라고 하기도 한다. 나는 스티브 잡스라는 상징적 인물 이후 인류는 감성 사회로 진입했다고 생각한다. IT 프로덕트에 감성 코드를 접목한 스티브 잡스의 스마트폰은 호모 사피엔스의 생활패턴을 바꾸는 일대 혁명이었다. 그 스마트폰이라는 기술적 변화로 말미암아 테크와 감성이 결합한 새로운 형태의 디지털 라이프스타일이 나오기 시작했다.

역사적으로 우리나라의 산업이 전 세계를 이끈 적이 없었다. 그런데 지식정보 사회의 끝자락에서 우리나라가 IT 강국으로 우뚝 서기 시작했다. 그리고 인류가 지식정보 사회를 넘어 감성 사회로 접어들 때 우리 문화콘텐츠 산업이 전 세계에서 각광을 받기 시작했다. 드디어 세계 산업 발달의 역사와 한국 산업 발달의 역사의 톱니가 맞물리기 시작한 것이다.

미국에서 충성도가 가장 높은 팬덤으로 BTS가 마이클 잭슨을 능가한 것은 완전히 다른 산업적 인프라 때문에 가능했다. 다시 말해 4차 산업혁명 속에서 스마트폰과 SNS라는 완전히 다른 방법론 때문에 가능했다. 「오징어게임」이라는 한국 드라마가 전 세계적 선풍을 일으켰던 것은 넷플릭스라는 글로벌 OTT가 있었기 때문이다. 지식정보 사회의 발전된 IT 인프라 위에 올라탈 수 있었기 때문에 한국 콘텐츠들이 전 세계적으로 한류 열풍을 만들어낼 수 있었던 것이다. 4차 산업혁명이라는 패러다임 속에서 그 기술적 인프라 위에 전과는 확연히 다른 방법으로 다양한 상품과 서비스가 나오고 발전하고 있다. 이 과정에서 전 세계적으로 가장 큰 변화를 맞이하고 있는 분야가 바로 미디어 관련 산업이다.

하드웨어와 소프트웨어 기술이 급변하면서 레거시 미디어와는 완전히 다른 문법과 다른 콘텐츠의 방향성을 가지고 뉴미디어가 급성장하고 있다. 누구나 다 아는 유튜브, 인스타그램, 틱톡, 페이스북 등이 뉴미디어 플랫폼이다. 그런데 이들 플랫폼에서 트렌드가 너무 빠르게 바뀌고 있어서 그 변화의 속도를 설명하는 동안 또 새로운 트렌드가 등장하기도 한다. 그런데 이러한 플랫폼을 미디어라고 부르는 것이 맞는지에 대해서 의문을 가진 사람들이 있을 수 있다. 이제 유튜브는 그래도 간신히 받아들이겠는데 틱톡도 미디어라고 해야 하나? 레거시 미디어의 형식과 문법으로 미디어를 정의할 때 그 정의에 잘 들어맞지 않을 수도 있다. 그러나 정보를 전달하고 자신들의 형식에 맞는 콘텐츠를 전달한다는 점에서 분명 미디어의 기능을 수행하고 있는 것은 맞다. 여기에서 더 주목할 것은 특정 계층에게 혹은 특정 콘텐츠나 특정 비즈니스 영역에서는 레거시 미디어보다 훨씬 강력하게 전달하는 힘을 가지고 있다는 것이다. 물론 확증편향이라든가 알고리즘에서 오는 부작용이 큰 것 또한 사실이지만 그러한 부작용까지 포함하여 이것은 패러다임의 거대한 변화다. 여기에 대해서는 왈가왈부할 이유가 없다.

사실 우리나라는 지난 대통령 선거를 치르면서 뉴미디어의 힘을 온 국민이 실감했다. 지상파라고 불리는 레거시 미디어에서 방송한 대통령 후보 토론회보다 특정 유튜브 채널의 후보 토론회가 훨씬 강력하게 영향을 미치는 것을 보면서 많은 사람이 토론회의 내용보다 이러한 현상에 대해서 놀라기도 했다. 수백만 팔로어를 가진 유튜브 채널이 이 정도 영향력을 미칠 줄이야 정말 몰랐던 것이다. 아니, 기성세대가 몰랐던 것이다. 지상파 3사의 뉴스 프라임 타임의 평균 시청률에 인구수를 곱하면 대략 300만 명 내외가 이들 뉴스를 시청한다고 추정한다. 이 숫자와 비교해볼 때 400~500만 명의 팔로어를 가진 유튜버 한 명 한 명의 영향력은 막연히 생각하는 것 그 이상이다. 여기에 그 콘텐츠를 생산하고 소비하는 채널의 유지비용을 생각해보면 뉴미디어라는 시스템의 경쟁력은 실로 엄청난 것이다. 그래서 이런 뉴미디어를 가장 잘 이용하고 있는 인플루언서와 크리에이터에 대해 부분적으로라도 정리해보고 싶었다.

크리에이터는 어떻게 탄생하는지, 이들은 어떻게 돈을 버는지, 이들은 어떻게 콘텐츠를 만드는지, 이들을 바라보는 시각은 어떤지, 이들의 영향력은 어떻게 진화하고 있는지, 세계는 이들을 어떻게 바라

보고 있는지, 글로벌 시장에서 한국 인플루언서와 크리에이터의 영향력은 어떤지 등을 정리해보고 또 미래를 예측해보고 싶었다. 그래서 이 책을 집필했다. 피상적 내용일 수 있다는 것을 알지만 학자의 입장이 아니라 현장에서 이들과 호흡하는 사람으로서 정리해본 것이니 부족하더라도 널리 양해를 부탁드리며 졸고를 세상에 내놓는다.

책 제목에 대해서 고민하다가 이 모든 활동이 스마트폰 위에서 일어나고 있다는 생각을 했고 스티브 잡스가 떠올랐다. 스마트폰이 처음 나왔던 시절에는 분명 이런 생태계가 없었다. 스티브 잡스의 대단한 발명품 덕분에 크리에이터 이코노미가 생겨났다고 해도 과언이 아닐 것이다. 스티브 잡스는 이러한 새로운 생태계의 탄생을 알았을까? 궁금하다.

2024년 6월
김현우

차례

2부
K크리에이터 성장 전략

1부

크리에이터 이니셔티브 전략

1장

전 세계 인플루언서가
서울에 모이다

● "해피 뉴 이어!"

카운트다운 소리에 이어 2024년을 맞이하는 함성과 함께 터지는 화려한 불꽃이 세계 30억 명에게 공유됐다. 전 세계에서 온 유명인들이 함께 파티를 즐기고 다양한 나라에서 온 팬들의 환호 속에서 팝스타들이 공연을 펼쳤다. 자리에 참석하지 못한 수많은 사람이 전 세계에서 온라인으로 이 화려한 새해맞이 축제를 즐겼다.

뉴욕 타임스퀘어의 새해 카운트다운 축제 '볼드롭**Ball Drop**' 현장이 아니다. 서울 동대문디자인플라자DDP에서 열린 세계 최초 인플루언서 박람회 '서울콘'의 모습이다. 2023년 12월 30일부터 2024년 1월 1일까지 열린 서울콘에는 58개국 3,100여 팀의 인플루언서들이 모였다. 그들의 팔로어 수를 합치면 4억 2,000명에 이른다. 팔로어들 중

글로벌 인플루언서 4,000명이 DDP에서 2024년 새해 카운트다운을 했다.

어림잡아 10%만 서울콘 관련 콘텐츠에 관심을 갖는다고 해도 3억 명이다. 인플루언서들과 함께하는 행사에 참여하기 위해 서울콘을 직접찾은 방문객만도 약 10만 명에 달했다.

낮 시간 광장에서는 K팝 랜덤 플레이 댄스가 열렸고 밤에는 박재범과 청하 등 K팝 스타들이 월드 K팝 페스티벌 무대에 올랐다. 동대문디자인프라자DDP 실내에서 게이머 페이커가 속한 T1팀의 팬 페스티벌 'T1콘'과 쵸단과 마젠타 등의 인플루언서 팬미팅이 진행됐다. 초대된 인플루언서들만 참석할 수 있는 프라이빗 파티도 열렸다. 서울콘에 초청된 인플루언서들은 현장에서 라이브 방송으로 또 참가 리뷰와 브이로그 콘텐츠로 서울콘의 행사들과 함께 서울의 모습을 팔로어들에게 전했다. 이중 글로벌 인플루언서 5명의 SNS 게시물 조회수만 행사 후 10일 만에 총 7,000만 뷰를 넘어섰다.

서울콘 기간은 단 3일이었다. 이토록 짧은 기간에 서울을 이렇게나 폭발적으로 주목받게 한 행사가 있었을까. 서울콘은 시대가 어떻게 달라지고 있는지와 그 안에서 한국은 어떤 강점을 가지고 있는지를 보여줬다.

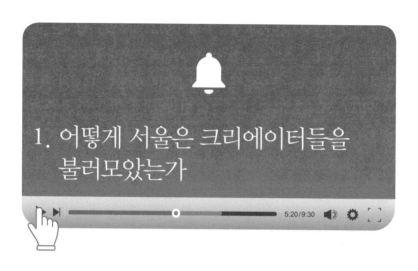

1. 어떻게 서울은 크리에이터들을
불러모았는가

5:20/9:30

서울에는 매력적인 콘텐츠, 공간, 사람이 있다

● ● ●

나는 서울콘을 기획하면서 처음부터 사람을 중심에 뒀다. 서울콘은 영향력 있는 사람들과 그들을 따르는 사람들이 함께 만들고 즐기며 발전시키는 행사다. 영향력 있는 사람들, 즉 인플루언서들은 콘텐츠를 가지고 있다. 더 정확하게는 그 자체가 콘텐츠인 사람이다. 현재 전 세계 콘텐츠 산업에서 가장 주목받는 나라인 한국의 수도 서울은 인플루언서와 그들의 팬들이 모이기에 가장 적합한 곳일 테다.

2023 서울콘에 참가한 인플루언서들은 누구도 대가를 받고 섭외되지 않았다. 해외 인플루언서들은 초청에 기꺼이 응했다. 극히 일부 인플루언서에게 항공과 숙박 지원을 한 것이 전부다. 그들에게 콘텐

서울라이트 DDP. (출처: 한국관광공사)

츠 제작 요청도 별도로 하지 않았다. 인플루언서들은 서울콘 행사장을 중심으로 서울에서 자유롭게 콘텐츠를 제작해 자신의 팔로어들에게 서울을 소개했다.

해외 인플루언서들이 자발적으로 서울콘에 모인 데는 두 가지 배경이 있다. 첫째는 K콘텐츠의 부상과 함께 높아진 서울의 위상이다. 전 세계 10대와 20대에게 서울은 이미 문화의 중심지다. 세계인들이 서울을 보는 시각은 호기심을 넘어 동경에 가깝다. 세계의 젊은이들은 서울을 뷰티, 패션, 음식, 운동 등 문화산업 전반에서 세계의 트렌드를 이끌어가는 곳으로 떠올린다. K팝과 드라마가 관심의 시발점이 됐지만 이제는 서울 자체가 트렌디한 도시로 인식되는 것이다.

서울콘에 참가한 해외 인플루언서들을 대상으로 한 조사 결과에서도 이 같은 인식이 확인됐다. '서울을 생각했을 때 연상되는 이미지'

K뷰티를 소개한 K뷰티 부스트

를 묻는 질문에 해외 인플루언서들은 '뷰티·패션'을(57.3%, 중복응답), '음식'(40.2%), '한류 콘텐츠'(38.4%)였다. 서울콘에서 'K뷰티 부스트'를 진행한 누리하우스 관계자는 'K뷰티의 중심' 서울에 모인 사람들을 맞이한 뒤 이렇게 말했다. "300여 명의 글로벌 뷰티 크리에이터들이 참석했고 일반인들도 굉장히 많이 오셨습니다. 외국인 일반 참가자들도 정말 많이 와서 저희도 놀랄 정도였어요. 사실 저희 예상보다 훨씬 큰 반응이었습니다. K뷰티에 대한 관심이 뜨겁다는 걸 느낄 수 있었어요."

서울콘에서는 모든 크리에이터가 주인공이다

● ● ●

둘째는 그들이 주인공이 되는 최초의 박람회라는 점이다. 서울콘에는 콘텐츠 기업이나 플랫폼 기업이 아니라 각 개인이 중심이라는 차별성이 있었다. 예를 들자면 여성 댄서 붐을 일으켰던 「스트리트 우먼 파이터」 시리즈와 같다. 이전까지 가수의 무대를 돕는 역할로만 여겨졌던 댄서들이 주인공으로 등장하면서 대중의 인식이 완전히 달라졌던 것을 떠올려보자. 이 프로그램으로 댄서들의 팬덤이 형성됐고 전문성을 인정받았다. 인플루언서들과 크리에이터들 또한 이전까지는 유튜브, 인스타그램, 틱톡 등 기업 위주의 시각에서 플랫폼의 사용자들로 이해됐다. 서울콘은 그 시각을 뒤집어 인플루언서와 크리에이터를 주인공으로 세웠다. 인플루언서들의 영향력과 그들만의 경쟁력에 주목했다. 이 같은 자세에 많은 인플루언서가 마음을 열었다.

2023년에 처음 시도된 서울콘이 성공적으로 치러진 것은 시대의 분명한 변화를 보여준다. 인플루언서와 크리에이터라는 개인(또는 소규모 팀)의 영향력은 눈에 보일 만큼 크며 감성 사회로 진입하는 시대에 더욱 커질 것이라는 점이다. 온라인 환경에서 콘텐츠로 연결된 개인들은 가늠하기 힘들 정도로 큰 경제 효과를 가져올 것이다. 그 어느 나라보다 크리에이터 활동이 활성화된 한국에 새로운 기회의 시대가 열리고 있다.

2. 서울콘은 크리에이터와 인플루언서의 축제다

5:20/9:30

인플루언서들의 인플루언서들이 서울을 찾다

● ● ●

2023년 서울콘에서는 K콘텐츠를 주제로 인플루언서들을 모았다. 넷플릭스에서 인기를 끌었던 서바이벌 프로그램 「피지컬: 100」 시즌 1의 출연자들과 함께 드라마 시리즈 「오징어게임」 속 게임을 펼치는 이벤트가 열렸고 K팝 음악들에 맞춰 춤을 출 수 있는 랜덤 플레이 댄스가 펼쳐졌다. 첫 개최인 만큼 현재 가장 이목을 끌을 수 있는 K콘텐츠들과 관련된 내용들로 채웠다. 앞으로 서울콘은 다른 주제들을 선정하며 폭을 넓혀갈 것이다. K푸드를 중심으로 푸드 크리에이터들을 모으고 K트레이닝을 주제로 삼아 전 세계의 건강 운동 분야 인플루언서들을 모을 계획을 가지고 있다.

이렇게 확장하면서 매년 서울콘이 성장하면 어떤 장면이 펼쳐질까. 매년 서울콘 기간 동안 전 세계 인플루언서들과 그들의 팔로어들이 서울을 주목하게 될 것이다. 첫 서울콘에서부터 미국 인플루언서이자 모델 카산드라 뱅크슨Cassandra Bankson, 인도의 TV스타 아누쉬카 센Anushka Sen, 한국계 카자흐스탄 모델 키카 킴Kika Kim 등이 초대에 응해 서울을 찾았다. 인플루언서들이 선망하는 '인플루언서들의 인플루언서'들이다.

앞으로 크리에이터와 인플루언서들은 서울콘에 초청되는지 여부로 '급'이 나눠질 것이다. 배우들이 세계 3대 영화제에 초청받는 것이 꿈인 것처럼 서울콘에 초청받는 것이 세계 크리에이터들과 인플루언서들의 꿈이 될 것이다. 그들에게 서울은 트렌디한 도시를 넘어 꿈의 도시가 된다!

전 세계 크리에이터들이 교류하고 콘텐츠를 만든다
● ● ●

서울콘의 성공적인 안착과 성장은 결코 막연한 기대가 아니다. 서울콘은 세계적인 박람회가 갖춰야 할 요소를 모두 가지고 있다. 한 도시를 대표하는 세계적인 박람회에는 네 가지 요소가 필요하다. 적합성, 대중성, 확장성, 독창성 등이다.

적합성이란 국가 및 도시의 배경과 박람회의 의미가 어울리는지를 말한다. 세계 최대의 가전제품 박람회인 세계가전제품전시회CES의 예를 살펴보자. 매년 1월 미국 라스베이거스에서 열리는 세계가전제품전시회는 1967년 뉴욕에서 시작됐다. 당시 뉴욕은 전 세계인들의 라이프스타일을 리드하는 도시였다. 뉴욕 그리고 미국에서 출시되는 가전제품은 세계적으로 누구나 원하는 것이었다. 당시부터 현재까지도 IT 기술을 선도하는 미국에서 세계가전제품전시회CES가 열리는 것을 어색하게 생각하는 사람은 없다.

한국의 서울에서 서울콘이 열리는 것은 어떤가. 세계적으로 인기 있는 콘텐츠가 만들어지는 곳이 서울이다. 고도로 발달한 IT 환경에서 그 어느 곳보다 많은 인플루언서와 크리에이터가 활동하는 도시가 바로 서울이다. 서울은 세계 최대의 인플루언서·크리에이터 박람회와 가장 잘 어울리는 도시다.

두 번째는 대중성이다. 전문가뿐 아니라 일반 대중들도 관심을 가질 만해야 한다는 것을 뜻한다. 대중을 이끌 만한 요소가 있어야 한다. 세계의 이목이 집중되는 모터쇼나 영화제를 보면 해당 산업의 종사자들이 1차 타깃이지만 모이는 사람의 상당수는 일반 대중이다. 그들이 보고 즐길 만한 요소들이 많기 때문이다. 인플루언서가 모이면 팔로어들 또한 모일 수밖에 없다. 서울콘은 대중의 관심을 받는 인플루언서와 크리에이터가 모이는 자리이기 때문에 자연스럽게 이 부분이 자연스럽게 충족된다.

세 번째는 확장성이다. 박람회가 장기적으로 자리를 잡으려면 매년 새로운 이슈를 제시하며 신선함을 주면서 영역을 넓혀가야 한다. 세계가전제품전시회도 일반 가전 박람회를 넘어 정보통신, 모빌리티, 혼합현실XR·가상현실VR로 시대에 맞춰 새로운 이슈를 제시한다. 이 부분에서 서울콘은 매우 유리하다. 크리에이터들의 분야는 무궁무진하며 그 모든 분야가 새로운 주제가 될 수 있다. 서울콘이 선정하는 주제가 그해 세계 크리에이터 콘텐츠의 트렌드 이슈로 떠오를 것으로 기대한다.

마지막으로 역사성이 중요하다. 다른 박람회나 행사들과 차별성을 갖고 전통을 쌓아가는 것이다. 이것이 주변의 우려를 무릅쓰고 내가 서울콘을 서둘러 추진한 이유다. 한국이 콘텐츠의 중심 도시로 주목받는 지금 누구보다 먼저 본격적인 인플루언서 박람회를 시작해 고유한 역사를 만들어가야 '콘텐츠 강국'으로 입지를 확고히 할 수 있다. 다른 곳에서 이미 자리를 잡은 행사를 따라하는 것은 아류로 취급된다. 서울콘의 성공적인 시작으로 우리는 첫 문턱을 잘 넘었다.

필리핀 문화를 다루는 한국 유튜버 실비아Sylvia Kim는 서울콘 현장 브이로그에 여러 인플루언서들과 인사하는 모습을 담았다. "정말 많은 틱톡커(틱톡에서 활동하는 인플루언서)가 바로 앞에 있어요. 여기서 셀럽들을 많이 만나네요." 서울콘은 그런 곳이다. 크리에이터들 간의 교류의 장이 되고 새로운 콘텐츠가 만들어지는 곳으로 자리를 잡아갈 것이다. 우리는 서울콘의 첫 해에 그 미래를 확인했다.

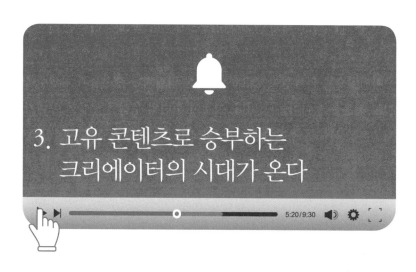

3. 고유 콘텐츠로 승부하는 크리에이터의 시대가 온다

5:20 / 9:30

　서울콘에 모인 이들은 크리에이터일까, 인플루언서일까? 크리에이터란 어떤 사람들을 지칭하는 말일까? 크리에이터라는 말을 그대로 옮기자면 콘텐츠를 창작하는 모든 창작자를 뜻한다. 하지만 현재 흔히 사용하는 크리에이터라는 말과는 뜻이 달라 보인다. 소설을 쓰는 작가나 TV프로그램을 제작하는 PD는 분명 창작자들이지만 크리에이터라고 하지 않는다. 인플루언서 역시 마찬가지다. 영향력이 있는 사람이라는 말로 직역할 수 있지만 사회적 영향력이 큰 유명인사, 정치인, 팝스타 등을 인플루언서라고 부르지는 않는다. 현재 우리가 흔히 사용하는 크리에이터와 인플루언서라는 말에는 다른 의미가 포함되어 있기 때문이다.

　크리에이터라는 말은 '크리에이터 플랫폼' '크리에이터 이코노미'

등 확장된 용어들로 이어졌다. 암묵적으로 크리에이터가 무엇을 뜻하는지 의미가 공유되고 있기에 이러한 말들이 어렵지 않게 통용된다. 이러한 개념을 거슬러 올라가 보면 크리에이터를 다음과 같이 정의할 수 있다.

> **크리에이터**
> 고유한 콘텐츠를 자신의 뜻대로 자유롭게 제작해 온라인 채널로 공개하는 사람

크리에이터에게는 고유한 콘텐츠가 있어야 한다

● ● ●

크리에이터는 콘텐츠가 있어야 한다. 콘텐츠는 독창적인 작품일 수도 있고 이용자들과 소통하는 행위일 수도 있다. 단, 크리에이터라면 그 콘텐츠는 자신만의 고유한 것이어야 한다. 기존 곡을 부르는 싱어라도 자신의 목소리와 곡 해석으로 표현한다면 크리에이터라고 할 수 있다. 여러 장소나 이슈 현장을 직접 찾아 취재해 자신의 시각으로 영상을 만드는 사람이라면 크리에이터라고 할 수 있다. 그러나 방송의 일부 클립을 단순 발췌해 업로드하거나 온라인 커뮤니티의 게시물을 그대로 가져온 영상을 공유한다면 크리에이터라고 하기 어렵다.

유튜브나 인스타그램에 방송 클립이나 다른 사람의 사진을 업로드해 팔로어 수를 늘리는 계정들을 크리에이터라고 하지 않는다. 크리에이터를 정의하는 첫 번째 기준은 자신만의 표현과 자신만의 창작이다.

개인의 뜻대로 자유롭게 콘텐츠를 제작한다

● ● ●

크리에이터는 자신의 콘텐츠를 만드는 데 자유로운 존재들이다. 즉 조직이나 주문자의 요구나 허락 없이 자신이 원하는 콘텐츠를 제작한다.

지상파 방송사가 개그 프로그램의 코너를 나눠 유튜브에 업로드하는 경우를 생각해보자. 이 경우 출연한 개그맨들을 크리에이터라고 하지는 않는다. 물론 그것을 제작하는 PD와 제작진도 크리에이터로 불릴 수 없다. 그러나 그 개그맨들이 방송사를 벗어나 개인 유튜브 채널을 만들고 자유롭게 콘텐츠를 제작할 때는 크리에이터라고 하는 데 무리가 없다. 브랜드 계정을 운영하며 해당 브랜드의 콘텐츠를 제작하는 마케터는 크리에이터라고 하기 어렵다. 하지만 만약 그가 브랜드 계정이 아니라 개인 계정으로 해당 브랜드의 제품을 리뷰한다면 크리에이터라고 할 수 있다. 이처럼 크리에이터라는 말에는 요구된 업무가 아니라 개인의 뜻대로 자유롭게 콘텐츠를 제작하는 사람이라는 의미가 담겨 있다.

온라인을 통해 공유되고 확산되는 콘텐츠를 제작한다

● ● ●

앞서 살펴본 '고유한 콘텐츠'와 '자유로움'을 갖춘 이들을 모두 크리에이터라고 할 수 있을까. 그렇다면 화가, 무용수, 연주자 등 많은 전통적인 예술인이 크리에이터에 속할 것이다. 물론 창작자라는 말 그대로를 대입한다면 틀린 말은 아니다. 그럼에도 오늘날 통용되는 크리에이터라는 개념에 어울리지 않는 것이 사실이다.

이는 크리에이터가 온라인 환경의 변화와 함께 사용되기 시작한 말이기 때문이다. 다시 말해 온라인을 통해 공유되고 확산되는 콘텐츠를 제작하는 이를 크리에이터라고 칭한다. 거리에서 공연을 하는 댄서가 거리 공연만 한다면 크리에이터라고 하기 어렵다. 하지만 그 모습을 영상으로 만들어 유튜브에 공유한다면 크리에이터라고 할 수 있다. 캐릭터 디자이너가 오프라인에서 캐릭터 상품을 제작해 선보일 땐 크리에이터라고 하기 어색하지만 인스타그램에서 캐릭터를 활용한 카툰을 연재한다면 크리에이터로 불리는 것이 이상하지 않다.

크리에이터는 이처럼 고유한 콘텐츠, 자율성, 온라인 배포라는 조건을 갖춘 이들을 말한다. 크리에이터라는 말을 사용하게 된 배경을 살펴보면 이와 같은 개념으로 자리잡은 이유를 알 수 있다. 2000년대 중반부터 여러 미디어에서 UCC라는 용어가 사용되기 시작했다. 사용자 창작 콘텐츠User Creative Contents[1]를 뜻하는 UCC는 참여, 개방, 공유 등의 온라인 가치가 대두된 웹 2.0 패러다임과 함께 주목받았다. 시사주간지 『타임』이 2006년 선정한 '올해의 인물'은 UCC 업로더들을 지칭하는 'YOU'였으며 '올해의 발명품'은 그 동영상들을 올릴 수 있는 플랫폼인 '유튜브'였다.

UCC라는 표현은 단명했다. 하지만 당시 UCC는 콘텐츠 환경의 변화를 설명하는 중요한 단어였다. 미디어 기업, 즉 전문가 집단이 제공하는 콘텐츠를 대중이 소비하는 일방적인 공급자-수용자 관계에서 사용자들이 직접 창작해 배포하기 시작했다는 변화의 의미를 담고 있기 때문이다.

특히 전문가들만의 영역이라고 믿어져 왔던 영상을 비전문가들이 만들기 시작했다는 점이 중요하다. 사람들은 영상의 화질이나 정교한 편집 기술보다 영상이라는 방법으로 공유되는 재미와 정보에 반응했다. 초점이 맞지 않는 촬영과 어설픈 편집으로 완성된 스케이트 보딩 영상을 보며 촬영과 편집 수준을 지적하는 사람은 많지 않았다. 대부분은 아슬아슬한 기술을 선보이는 보더에게 찬사를 보낼 뿐이었다. 정교하게 설계된 골드버그 장치Rube Goldberg Machine*를 영상으로 보여주는 데 큰 조명이나 여러 대의 카메라는 필요하지 않았다. 가정용 디지털 캠코더 하나면 충분했다. 당시 언론 보도의 표현대로 핵심은 "자신을 마음껏 표현하려는 욕구가 높은 시대" "기존 매체에선 볼 수 없는 톡톡 튀는 아이디어"[2]였다.

이처럼 UCC로 시작된 개인 크리에이터 문화의 기저에는 진입 장벽이 높았던 영상 콘텐츠의 제작과 배포에서 평범한 사람들도 공급자가 될 수 있다는 해방감이 깔려 있다. 독창성과 자율성이 크리에이터의 중요한 조건인 이유다. 그 시작에 혁신적인 온라인 환경의 변화가 있었다. 그래서 온라인을 통한 활동이 크리에이터의 조건이 됐다.

---

* 여러 단계를 거쳐 최종 작업을 수행하는 장치

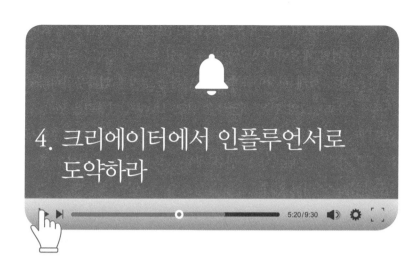

4. 크리에이터에서 인플루언서로 도약하라

인플루언서와 크리에이터는 많은 부분 겹치는 의미로 사용된다. 이 책에서는 K크리에이터에 대해 집중적으로 다룰 것이기에 크리에이터와 인플루언서를 구분 지을 필요가 있다.

> **인플루언서**
> 자신의 개성으로 온라인상에서 많은 팬을 가지고 그 팬들에게 영향력을 미치는 사람

인플루언서는 팬들을 끌어당기는 개성이 있다

● ● ●

인플루언서는 사람들이 좋아할 만한 개성을 가지고 있다. 그 개성

은 매력적인 외모일 수도 있고 뛰어난 언변이나 글솜씨일 수도 있다. 또는 독창적인 패션이나 화장법일 수도 있다. 우리는 단순히 팔로어가 많은 맛집 소개 계정이나 뉴스 채널의 운영자를 인플루언서라고 부르지 않는다. 그와 같은 계정들은 팔로어들에게 영향력은 있을 수 있으나 인간적인 개성에 끌린 팬들이 아니기 때문이다. 인플루언서는 사람 자체로 콘텐츠가 될 만한 개성을 갖고 있고 그 개성을 좋아하는 팬들을 가지고 있다.

유명 정치인이나 학자는 분명히 사회적으로 영향력이 있다. 그들을 따르는 팬들도 있다. 그럼에도 그들을 현재 흔히 사용하는 인플루언서라는 개념의 예로 들기에는 어색한 느낌이 든다. 그들의 영향력이 온라인 환경을 바탕으로 만들어진 것이 아니기 때문이다. 인스타그램이나 틱톡에는 사회적으로 유명하지 않아도 수십만에서 수백만에 이르는 팬들을 가진 인플루언서들이 존재한다. 이 팬들은 철저하게 온라인에서 해당 인물을 발견하고 좋아하는 이들이다.

유명한 모델, 가수, 배우도 오프라인에서만 활동한다면 인플루언서라고 하기 어렵지만 SNS 계정을 만들고 팬들이 팔로우하기 시작한다면 인플루언서로 분류할 수 있을 것이다. 오프라인에서의 유명인이 온라인에서 인플루언서가 되기에 유리한 것은 분명하지만 모든 인플루언서가 오프라인에서의 유명인은 아니다.

영향력을 끼칠 수 있어야 한다

● ● ●

단순히 팔로어가 많다거나 조회수 많은 콘텐츠를 가지고 있다고 해서 모두 인플루언서라고 하지는 않는다. 인플루언서라는 말의 직접적인 뜻에 걸맞게 영향력을 끼칠 수 있어야 한다. 많은 팬을 가지고 있지만 영향력으로 이어지지 않는 경우도 있다. 예를 들어 다양한 모델들의 사진을 찍어 인스타그램에 업로드하는 사진작가를 생각해보자. 그 작가의 스타일을 좋아하는 팬들이 생길 수는 있지만 어떠한 메시지를 확산시키지는 못할 것이다. 이 경우 우리는 그 작가를 인플루언서라고 할 수 있을까? 앞서도 살펴봤던 커뮤니티의 재미있는 글들을 가져다 업로드하는 계정의 운영자는 인간적인 영향력을 가졌다고 할 수 있을까? 그 조회수를 근거로 광고 수익을 창출할 수는 있겠지만 인플루언서라고 하기는 어려울 것이다.

결국 영향력은 인플루언서의 첫 번째 조건으로 들었던 개인의 개성과 맞닿아 있다. 사람들은 자신이 좋아하는 누군가에게 영향을 받게 마련이고 그 '누군가'를 인플루언서라고 말한다. 크리에이터와 인플루언서를 나눠서 생각해보면 공통점과 차이점을 찾을 수 있다. 두 개념 모두 온라인에서의 활동이 기본적인 배경이다. 또 자신만의 개성과 콘텐츠를 가지고 있다는 점도 같다. 이같은 공통점 때문에 크리에이터와 인플루언서가 비슷한 의미로 혼용된다.

그러나 모든 크리에이터가 인플루언서는 아니다. 반대로 모든 인플루언서가 크리에이터인 것도 아니다. 인플루언서는 이미 많은 팬을 가지고 있는 이들을 말하는 반면 크리에이터는 팬들을 모으는 과정에 있는 이들까지 포함한다. 또 인플루언서는 자신의 개성이 팬들을 이끄는 핵심이지만 크리에이터는 콘텐츠가 중심이다. 뒤에서 살펴보겠지만 크리에이터도 결국은 팬들을 모으고 영향력을 가져야 콘텐츠 활동을 지속할 수 있다. 이 점에서 크리에이터는 성장할수록 인플루언서가 되어간다고 할 수 있겠다.

크리에이터에서 인플루언서로의 도약은 현실적인 수익으로 이어져 크리에이터 활동을 지속할 수 있게 만든다. 유튜브는 2024년 6월 세계 최초로 한국에 '쇼핑 전용 스토어'를 개설했다고 발표했다. 이로써 크리에이터는 유튜브 내에 쇼핑 스토어를 개설해 상품을 판매할 수 있고 소비자는 구매와 결제를 간편하게 진행할 수 있게 됐다. 전용 스토어를 개설할 수 있는 파트너 프로그램 조건은 구독자 수 500명, 영상 유효 시청 시간 3,000시간 또는 쇼츠 조회수 300만 회 이상이다. 자신의 팬덤에게 영향력을 끼칠 수 있는 인플루언서라면 전용 스토어에서 수익을 창출할 방법이 생긴 것이다.

유튜브의 이 같은 행보에서 크리에이터의 영향력이 온라인 커머스를 주도할 것이라는 전망을 읽을 수 있다. 온라인 커머스에서 인플루언서의 영향력은 라이브커머스의 성장세에서 확인된다. 라이브커머스 판매 데이터 플랫폼 '라방바'에 따르면 국내 라이브 커머스 시장은 2023년 기준 약 3조 원으로 전년 대비 약 25% 성장했다. 인플루언서의 영향력은 소비 시장에 큰 힘으로 발휘되고 인플루언서로 성장한 크리에이터는 더 큰 수익을 얻게 될 것이다.

이 같은 흐름은 유튜브 외 플랫폼에서도 마찬가지다. 인스타그램은 광고주와 크리에이터를 연결하는 '크리에이터 마켓플레이스'를 출시했고 틱톡은 라이브커머스 서비스인 '틱톡샵' 상표를 국내에 출원했다. 크리에이터가 대중의 소비를 이끄는 시대가 이제 우리 눈앞에 펼쳐졌다.

K크리에이터에서 글로벌 인플루언서가 되다

● ● ●

현재 가장 영향력 있는 크리에이터 플랫폼은 단연 유튜브다. 인스타그램과 틱톡 등에도 많은 크리에이터가 있지만 유튜버들 또한 타 플랫폼에 함께 콘텐츠를 올리며 채널을 확장하고 있다. 서울콘에서 확인했듯 그 각각의 플랫폼에서 한국의 K크리에이터들은 글로벌 인플루언서로 자리 잡고 있다.

한국은 인구수 대비 수익창출 유튜브 채널 수가 미국과 인도보다 많은 나라다. 유튜브 통계분석 업체인 플레이보드에 따르면 2020년 기준 광고 수익을 내는 한국 유튜브 채널은 9만 7,934개다. 인구 비율로 따져보면 529명당 1개 꼴이다. 인구가 몇만 명 수준인 일부 섬나라와 도시국가를 제외하면 비율로는 사실상 세계 1위다.[3] 수익 창출 채널은 구독자 1,000명과 연간 누적 시청 시간 4,000시간 조건을 충족시켜 광고를 붙일 수 있는 채널을 말한다.

K크리에이터들의 활동 무대는 온라인이다. 다시 말해 한국에만 국한되지 않는다. 콘텐츠의 주제도 국내 시청자만을 타깃으로 하지 않는다. 아예 주 시청자 집단을 외국 사용자들로 하는 크리에이터들도 많아졌다. 크리에이터를 '국내향'과 '해외향'으로 구분할 정도다.

유튜브를 비롯한 여러 플랫폼에서 활약하는 K크리에이터들의 경쟁력은 무엇일까. 자신의 콘텐츠로 팬덤을 구축한 크리에이터들은 어떻게 활동을 시작하고 유지해왔을까. 그들의 방식에서 K크리에이터의 특이점과 가능성을 찾아보자.

2장
—

K크리에이터의 글로벌
진출이 활발해진다

Creator Initiative

● 크리에이터의 주 활동 무대가 된 유튜브는 글로벌 플랫폼이다. 과거 콘텐츠를 해외에 유통하려면 현지 방송사와 같은 콘텐츠 유통 기업들과 직접 거래가 필요했다. 하지만 온라인에서는 그와 같은 과정이 생략된다. 국내 개인 크리에이터들의 콘텐츠도 유튜브는 취향에 맞춰 해외 사용자들에게 추천한다. 춤이나 패션처럼 언어가 필요 없는 콘텐츠가 많은 틱톡이나 인스타그램 등의 플랫폼에서는 시청자들의 국가 분포를 나누는 것이 무의미할 정도로 다양한 국가의 팔로어 관계가 생긴다.

유튜브에서도 전 세계의 보편적인 콘텐츠 주제들은 이처럼 자연스럽게 해외 시청자들이 유입될 수 있다. 장난감 리뷰를 주로 다루는 채널 「파파네가족」이나 아이와의 놀이를 콘텐츠화한 「리월드」 등의 채널들에는 해외 구독자들이 적지 않다. 유튜브를 바탕으로 한 콘텐츠 기업 중에서도 '핑크퐁' 캐릭터나 「캐리TV」 채널의 글로벌 성공 사례가 있다. 모두 세계 보편적인 아이들의 감성에 맞춘 콘텐츠들이라는 공통점이 있다.

아이들을 타깃으로 한 콘텐츠처럼 춤도 대표적인 '국경 없는 콘텐츠'다. 글로벌 시장에서 영향력 있는 K팝 아이돌들이 신곡 홍보로 SNS에서 '댄스 챌린지'를 진행하는 것도 세계 어디에서나 즐길 수 있는 콘텐츠이기 때문이다. 틱톡을 비롯해 유튜브 쇼츠, 인스타그램 릴스 등 숏폼 콘텐츠에서 가장 많이 소비되는 분야도 춤이다. 숏폼 콘텐츠로 유행하면서 오래된 곡이 역주행하기도 한다. 보이그룹 뉴이스트NU'EST가 2012년 발표한 곡 「페이스FACE」는 인플루언서들이 숏폼 댄스 콘텐츠 음악으로 이용하면서 2023년에 다시 유행했고 DJ 손이 2018년이 발표했던 「웨이 백 홈Way Back Home」은 전 세계적으로 열풍을 일으키며 2021년에 여자 버전으로 다시 발매됐다.

일본 아이돌 걸그룹 '초도키메키센덴부超ときめき♡宣伝部'는 2021년 미니앨범 곡인 「스킷!すきっ!」을 2023년에 한국어 버전 음원으로 제작해 다시 발표했다. 한국 크리에이터들이 이 곡으로 댄스 숏폼 콘텐츠를 만들어 세계적으로 유행했기 때문이다. 초도키메키센덴부는 공식 유튜브 채널에 한국어 버전 뮤직비디오[1]를 제작해 업로드하면서 "저희가 부른 「스킷!」으로 많은 분이 춤을 춰주셔서 감사합니다! 한국에 계신 여러분들과 만날 날을 기대하고 있어요."라고 한글 코멘트를 남기기도 했다. 한국 아이돌 그룹들이 해외 진출을 위해 일본어 버전 음원을 제작하고 일본 타깃 뮤직비디오를 별도로 만들던 것이

겹쳐지는 모습이다. 댄스 숏폼 콘텐츠에서 한국 K크리에이터들의 영향력을 보여주는 사례다.

세계적으로 한국 콘텐츠가 주목받고 있음은 많은 사람이 동의할 것이다. 영화 「기생충」이 칸국제영화제 황금종려상을 비롯해 다수의 국제 영화제에서 수상했고 영화 「미나리」의 윤여정 배우는 아카데미 여우조연상을 받았다. OTT를 통한 K드라마 열풍도 거세다. 넷플릭스에서는 「오징어게임」을 시작으로 「지금 우리 학교는」 「수리남」 등이 세계적인 인기를 끌었다. 디즈니플러스에서는 「카지노」 「무빙」이 애플TV에선 「파친코」가 오리지널 콘텐츠로 공개되어 화제를 모았다. 한국 웹툰은 가장 디지털화에 성공한 만화 형식으로 평가되며 세계 여러 나라로 수출되고 있다.

이렇게 많은 콘텐츠 분야 중 한국 대중문화의 세계화를 이끄는 분야는 단연 K팝이다. BTS와 블랙핑크를 필두로 많은 아이돌 그룹이 세계적인 팬덤을 보유하고 있다. 유튜브에서 아이돌 영상을 보면 댓글 중 한글 댓글을 찾기 어려울 정도로 전 세계 팬들이 댓글을 남긴다. 남미권에서 특히 인기가 많은 카드KARD나 북미와 유럽에서 마니아층을 형성한 드림캐쳐는 한국보다 해외에서 더 뜨거운 호응을 받기도 한다.

한국 영화부터 음악까지 폭넓은 대중문화 콘텐츠의 세계화는 한국인과 한국어에 대한 호감도를 높였다. 과거에 한국 콘텐츠의 해외 경쟁력을 논할 때 사용 언어의 한계가 지적되던 것을 생각하면 격세지감이 느껴질 정도다. 해외 시청자를 대상으로 하는 많은 크리에이터가 "이제는 사람들이 한국어를 듣기 좋은 언어라고 느낀다."라고 말한다. 한국 사회의 모습을 담은 콘텐츠는 'BTS의 나라를 대리체험하는 콘텐츠'가 됐고 한국어는 '좋아하는 콘텐츠를 즐기려고 공부하는 언어'가 됐다. 이제는 '코리아' 자체가 세계적인 브랜드다.

이 같은 환경에서 해외 구독자 위주의 한국 크리에이터들도 활발하게 활동하고 있다. 「한나 코레아나」의 한나도 남미 팬들과 함께 성장해온 글로벌 크리에이터들 중 하나다. 「MKH」채널의 권순홍은 한국에 거주하는 외국인 크리에이터나 해외 시청자를 대상으로 하는 크리에이터들을 연결하는 네트워크를 조직해 한국을 해외에 알리는 활동을 연결하고 있다. 이처럼 유튜브로 대표되는 콘텐츠 플랫폼은 크리에이터의 활동 영역을 세계로 확장시켰다. 한국의 K크리에이터들은 국내에만 머무르지 않고 세계로 뻗어나가고 있다.

1. 코리아가 콘텐츠가 된다

이미 한국은 브랜드가 되었다

글로벌 플랫폼을 통해 전 세계가 'K컬처'를 접하고 한국 콘텐츠에 열광하는 현상은 개인 크리에이터들에게도 큰 변화를 가져왔다. 한국 고유의 정서, 문화, 여러 모습을 알고 싶어 하는 사람들이 늘어난 만큼 그 욕구를 충족시켜주는 더 친근한 콘텐츠의 수요가 생겨났다. K크리에이터가 세계로 나아갈 영역이 생긴 것이다. '코리아'라는 브랜드가 형성됐다. 그러면서 이를 바탕으로 개인 크리에이터들은 해외 시청자들을 위한 다양한 콘텐츠를 시도할 수 있게 됐다.

두 명의 한국인 청년이 운영하는 「DKDKTV」는 한국 문화 콘텐츠들에 대한 리뷰, 해석, 리액션 등을 주력으로 하는 유튜브 채널이다.

DKDK 김동겸 김경수

약 80만 명의 구독자들 대부분이 영미권 시청자다. 콘텐츠는 영어로
진행한다. 영미권 팬들이 이해하기 어려운 K팝의 가사 해석, 한국 드
라마 시리즈의 사회적 배경, 한국 문화와 관련된 뉴스 해설 등을 영
미권 시청자들이 이해하기 쉽게 풀어낸다. K컬처의 심화 이해 과정
인 셈이다. 음악, 드라마, 영화 등으로 한국에 관심이 생겼기에 가능
한 콘텐츠 전략이다.

DKDKTV의 'DKDK'는 두 운영자의 영어 이름인 대니 김**Danny Kim**
과 데이비드 김**David Kim**에서 나온 채널명이다. 두 사람 모두 대학에
서 신문방송학을 전공하고 각각 음원 유통사와 광고대행사에서 일
하다가 유튜브 크리에이터 활동을 시작했다. 채널을 함께 만들고 운
영해 온 김경수(데이비드 김)는 "해외에서 한국 문화에 대한 관심이
많다는 것을 알고 있었기에 시작할 수 있었다."라고 채널의 시작을
회상했다.

"대학교 4학년 때 싱가포르 교환 학생을 갔어요. 거기서 놀랐던 일화가 두 가지 있는데요. 하나는 하굣길에 광장에서 저에겐 익숙한 빅뱅 노래나 BTS 노래가 나오고 있던 거였죠. 그 노래들에 단체로 춤추면서 몇 시간을 그렇게 즐기더라고요. 한국인으로서 자랑스럽기도 하고 해서 한참을 구경했어요. 두 번째로는 밤늦게 지하철을 타고 귀가하는데 양옆에 두 사람이 같은 드라마를 보고 있던 거였어요. 한국 드라마 「태양의 후예」였어요. 이런 것들을 경험하고 나서 확실히 알았죠. 한류라는 게 우리나라 안에서 띄워주기식으로 떠드는 게 아니라 진짜 해외에 큰 흐름으로 존재한다는 사실을요. 이걸 가지고 뭔가를 하면 좋겠다는 생각을 계속 가지고 있었어요."

한국 문화 콘텐츠의 힘을 직접 느꼈지만 DKDK팀이 처음부터 전업으로 크리에이터 활동을 시작한 것은 아니었다. 이들은 각자 회사에 다니면서 2017년부터 취미처럼 영상을 만들어 올리며 반응을 살폈다. 외국인들이 K팝 뮤직비디오나 공연 영상을 보며 찍은 리액션 비디오를 보고 '한국인들은 왜 안 하지?'라는 생각으로 한국인의 시각에서 K팝에 대한 영어 리액션 비디오를 찍기 시작했다.

"검색해보니까 정작 한국인들은 한류 관련 콘텐츠를 많이 안 다루고 있더라고요. 외국 리액션 영상들을 많이 보게 됐어요. 한국 콘텐츠인데 외국인들이 오히려 그걸 더 즐기고 자신들이 2차 콘텐츠를 만드는 게 신기할 정도였어요. 그래서 지금 파트너인 친구와 그냥 하나 찍어보자는 생각으로 찍었는데 운 좋게 조회수가 어느 정도 나왔어요. 그리고 댓글로 어떤 그룹 어떤 곡의 리액션을 해달라고 요청을 하더라고요. 저희는 처음엔 그것만 따라갔어요. 리액션 영상은 저작권 때문에 수익이 창출되지 않는데 구독자와 조회수만 봐도 되게 행복했어요."

한국인의 시각을 담아 영어로 제작한 이들의 리액션 비디오는 해외 시청자들에게 크게 환영받았다. 1년도 되지 않아 채널 구독자 10만 명이 모였다. 여기에서 가능성을 본 두 사람은 회사를 그만두고 본격적으로 콘텐츠 생산과 채널 운영에 집중하기로 마음먹었다. 1~2년 정도는 「DKDKTV」 채널에 힘을 쏟아보기로 하고 중간에 이탈하지 않기로 약속하는 '취업 포기 각서'까지 나눠 썼다. 전심을 다해보겠다는 의지의 표현이었다.

어떻게 해외 팬들의 눈높이를 맞출 것인가
● ● ●

앞선 장에서 설명했듯 전업 크리에이터로 활동을 이어가기 위해서 수익 창출은 필수적이다. 수익이 나지 않는 리액션 비디오가 주력이었던 DKDK팀에게 수익 창출은 중요한 고민이었다. 이미 팬은 10만 명을 넘어 계속 늘어나고 있었다. 하지만 이들은 K컬처라는 취향을 중심으로 모인 집단이었다. 그 취향의 범위를 벗어나지 않으면서도 수익이 발생되는 콘텐츠를 기획해야 했다. '유튜브 기준에서 저작권을 침해하지 않는 한류 콘텐츠'여야 했다.

"저희는 1차원적인 유희보다 조금 더 가치를 전달하는 콘텐츠로 방향을 잡았어요. 뮤직비디오를 소개한다고 했을 때 단순히 즐기는 모습뿐 아니라 그 노래의 가사를 해석하거나 영상에 나오는 음식 같은 것들을 설명해주는 거죠. 한복이 나오면 한복에 관해서 설명해주기도 했어요. 이렇게 하면 뮤직비디오 전체를 보여줄 필요가 없으니까 저작권 부분도 해결이 돼서 수익 창출이 되더라고요. BTS 팬들 사이에선 노래의 랩 가사가 어떤 의미인지 궁금해하는 수요가 많았기 때문에 이런 콘텐츠가 잘됐어요. 그 이후로 뉴스 해설도 하고 길거리 인터뷰도 하면서 수익화가 될 수 있는 콘텐츠들을 시도했죠."

개인 크리에이터가 해외 여러 국가의 시청자들을 대상으로 콘텐츠를 제작할 때 가장 큰 장벽은 아무래도 언어일 것이다. DKDK팀은 능숙한 영어로 방송을 진행하기에 이 부분에는 큰 어려움이 없었다. 그다음으로 해결해야 할 숙제는 시청자들이 원하는 이슈를 찾는 일이다. 한국 콘텐츠를 좋아하는 사람들이라는 공통점은 있지만 한국인과 영미권 사람들의 이슈가 항상 같지는 않기 때문이다. DKDK팀은 어떻게 꾸준히 해외 팬들에게 눈높이를 맞출 수 있었을까.

"SNS나 팬 커뮤니티를 많이 봐요. 계속 모니터링을 하면서 주제를 정하죠. 구독자분들이 직접 말씀해 주시는 걸 많이 하기도 했어요. 어떤 걸 보고 싶다고 댓글에 많이 적어주시거든요. 그중에서 아이디어가 좋은 것들을 모아서 수요가 있을 것 같은 내용으로 제작해드렸어요. 그런 식으로 팬분들이 뭘 원하는지 찾으려 노력을 많이 했죠."

구독자들과의 소통은 이처럼 해외 시청자들을 대상으로 하는 콘텐츠에서 더욱 중요해진다. 시청자들과의 소통은 한국에서 알 수 없는 해외 팬들의 니즈를 알 수 있는 방법이자 국경을 넘어 크리에이터와 시청자가 친근해지는 연결 고리가 된다. 앞서 살펴봤듯 이렇게 크리에이터와 가까워진 시청자들은 크리에이터의 팬이 되고 팬덤이 형성되면 크리에이터는 한 단계 더 발전할 수 있다. 친근한 소통으로 팬덤을 확보한 DKDK팀은 매달 후원을 해주는 팬들만을 위해 후원자 전용 방송을 만들었다. 후원자 전용 채널에서는 유튜브 채널에 공개되지 않는 별도 콘텐츠를 제공한다. 또 팬들에게 한국의 우수한 제품들을 큐레이팅해서 판매하는 사업도 시작했다.

글로벌 시청자를 타깃으로 하는 크리에이터에게 소통이 중요한 또다른 이유는 문화 차이에 대한 이해다. 대상 시청자 집단의 문화에 맞는 콘텐츠를 제공하려면 우리 문화와 어떤 점이 다른지를 민감하게 이해해야 한다. 반대로 시청자들이 그들과 우리의 어떤 차이점을 보고 싶어 하는지도 찾아야 한다.

DKDK팀 또한 여러 논란을 겪으며 시청자들을 이해해나갔다. 이들은 DKDKTV를 보는 영어권 시청자들의 특징으로 다양성 이슈와 정치적 올바름PC, Political Correctness에 대한 민감성을 꼽았다.

"영어를 쓰는 해외 시청자분들은 다인종·다종교·다문화 배경이 있어요. 그들의 문화, 정서, 사회적인 분위기를 이해해야 해요. 저희도 여러 논란을 거듭하면서 배웠거든요. 흑인들의 언어 코드, 이슬람의 종교적인 부분, 인종차별적인 요소 같은 걸 계속 조심해서 살펴봐요. 또 서구권은 퀴어 인권에 대해서 옹호하는 편인데 우리나라는 아직 그렇지 않다 보니까 조심하고 있고요.

예를 들어 옷을 조금 다르게 입었다고 해서 게이 같다고 하면 바로 난리가 나요. 또 아이돌들이 많이 하는 레게머리 스타일이 있잖아요. 그 '레게머리'라는 표현도 잘못된 표현이더라고요. 미국에서 흑인 노예를 억압한 상징이었다고 하는데 한국에서 멋으로 표현하니까 논란이 많죠. 저희는 이해를 못 했으니까 뭐가 문제냐고 했다가 비판받기도 했어요. 여러 경험을 하면서 배우고 더 조심하게 됐죠."

DKDK팀은 시청자들의 목소리로 현지의 문화를 소개하는 동시에 한국을 이해할 수 있도록 문화를 보여주려 노력한다. 한국 콘텐츠를 소개하면서 문화적인 맥락을 친절하게 설명하고 자료 이미지나 직접 확인할 수 있는 링크를 첨부해 시청자들이 한국을 더 깊게 알아가도록 돕는다. 때로는 K팝, 드라마, 홍보영상 등에서 보이지 않는 한국 사회의 이면을 보여주기도 한다. 크리에이터의 소통으로 한국을 외국인 개인에게 알리는 효과가 생기는 것이다.

"외국인들이 한국 콘텐츠들을 보고 한국에 대한 환상을 많이 가져요. 그건 긍정적인 효과인데 그 환상을 가지고 한국에 왔을 때 실망하시는 분들도 많거든요. 그래서 한국의 진짜 현실들을 보여주는 콘텐츠들도 많이 좋아해주세요. 저희는 강남이나 홍대만 보여주는 게 아니라 을지로나 여의도 같은 곳에서의 치열한 삶을 더 보여드리려고 해요. 시청자들이 그런 콘텐츠를 보고 고맙다는 반응을 자주 보여요. 드라마에서 볼 수 없던 모습과 한국에서의 진짜 삶의 풍경을 보여주는 거니까 더 관심을 보이더라고요. K콘텐츠에서의 환상과 한국의 현실 사이에서 중심을 잡아야 한다고 생각해요."

K크리에이터들의 해외 진출이 활발하다

● ● ●

콘텐츠를 통한 문화적인 소통으로 팬덤을 구축하고 한국을 알려온 DKDK팀은 자신들의 놓은 다리를 더욱 견고히 해 비즈니스에 접목할 계획이다. 산업적으로도 DKDK팀과 같은 글로벌 K크리에이터들을 주목해야 하는 이유다. DKDK팀은 해외에 한국 상품을 판매하고 외국인들을 한국으로 불러 모으는 일을 계획하고 있다.

"문화 콘텐츠를 제작하고 소통해 왔는데 비즈니스로 발전시킬 생각을 하고 있어요. 상품을 판매한다든지, 서비스를 제공한다든지 하는 식으로요. 만약에 한국에서 산다면 알아둬야 하는 정보들을 제공하는 콘텐츠도 생각하고 있어요. 저희 비즈니스 목표에 부합하는 콘텐츠들을 많이 해볼 생각입니다."

한국 콘텐츠가 세계의 주목을 받는 지금의 시대는 개인 크리에이터에게도 큰 기회다. DKDK팀의 김경수는 이를 '낙수효과'라고 표현했다. 해외의 어떤 대형 콘텐츠 기업이라도 한국 콘텐츠를 K크리에이터만큼 생생하고 친근하게 다룰 수는 없을 것이다.

"한국어로 하더라도 영어 자막만 달면 유입되는 사람들이 많기는 해요. 만약 언어적 장벽마저 없다면 규모는 훨씬 커지죠. 500만 ~600만 명 규모를 넘어 1,000만 구독자까지도 기대할 수 있어요."

DKDK팀의 말처럼 K크리에이터들은 세계 무대에서 더 크게 성장할 것이다. K크리에이터들의 해외 진출은 이미 활발하게 진행 중이다. 그들의 영향력은 국경을 넘어 해외 팬들 개개인에게 미치고 있다.

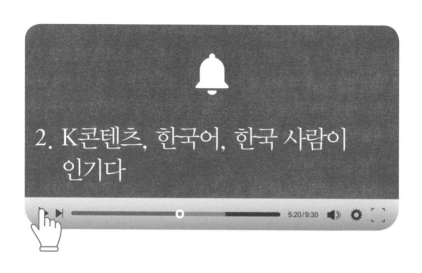

2. K콘텐츠, 한국어, 한국 사람이
   인기다

5:20/9:30

영어권뿐만 아니라 아랍어권에서도 통한다

● ● ●

크리에이터의 해외 진출은 영어권에만 국한되지 않는다. 세계 무대에서 K콘텐츠의 위상은 어느 곳에서나 과거와 비교할 수 없이 높아졌다. 특히 아랍어권에서 한국 콘텐츠의 인기는 우리가 생각하는 수준 이상이다. 한국이 좋아서 한국의 도시 경관을 TV로 틀어놓는 가정이 있을 정도다.

아랍어는 22개국에서 공용어로 사용하는 언어다. 전 세계에서 영어(55개국), 프랑스어(29개국)에 이어 세 번째로 많다. 아랍어는 콘텐츠 진출에서 '기회의 문'이 될 수 있다. 유튜브 채널 「잔나코리아」를 운영하는 잔나(이지은)는 아랍어권 시청자들을 대상으로 하는 대표적인 K크리에이터다. 2017년부터 콘텐츠를 올리기 시작해 2024년 기준 구독자 221만 명이 넘는 규모의 채널로 성장했다. 틱톡에서도 150만 명 넘는 팔로어를 보유하고 있다. 주로 K뷰티, 음식 등의 한국 문화를 아랍어로 소개하는 콘텐츠를 만들어왔다. 한국인으로서 아랍 문화를 체험하거나 아랍어권 친구와 함께 한국을 여행하며 소개하는 콘텐츠들도 많다.

잔나는 한국외국어대학교에서 아랍어를 전공했다. 학부 과정상 유학을 반드시 가야 했다. 그 유학 기간이 크리에이터 활동의 계기가 됐다.

"2017년에 이집트로 유학 갔는데 그곳 사람들이 한국과 한국어를 굉장히 좋아했어요. 한류라는 말을 뉴스로만 들었는데 직접 가보니 뉴스에서 봤던 것보다 더 엄청난 거예요. 충격적일 정도로요. 한국에 돌아와서 그들을 위해 뭔가 해주고 싶은 마음이 들었어요. 그들이 한국에 관심이 많아서 한국어를 배우고 싶어 했거든요. 그래서 아랍어로 한국어를 가르쳐보자는 결심을 했죠."

처음 시작은 그의 말처럼 한국어 강의였다. 초기에는 한두 개씩 비정기적으로 조금씩 콘텐츠를 업로드하다가 2018년부터 본격적으로 꾸준히 강의를 올렸다. 구독자 수가 많지 않을 때도 라이브 강의를 하면 수십 명은 계속 접속해서 강의를 들었다. 꾸준히 강의 영상을 올리던 중 기초적인 한글을 알려주는 영상이 여러 나라에 공유되면서 구독자 1만 명을 넘겼다. 잔나는 이 시기에 한국과 아랍권을 잇는 다양한 콘텐츠를 시도하기 시작했다.

"구독자 1만 명이 넘고 나서는 정체가 되어 있었어요. 교육 콘텐츠

처음 시작은 그의 말처럼 한국어 강의였다. 초기에는 한두 개씩 비정기적으로 조금씩 콘텐츠를 업로드하다가 2018년부터 본격적으로 꾸준히 강의를 올렸다.

만으로는 채널이 성장하는 데 한계가 있더라고요. 누가 계속 공부만 하고 싶겠어요. 그래서 브이로그를 한번 찍어봤는데 반응이 좋은 거예요. 당시에는 아랍어로 한국에 관련된 콘텐츠를 만드는 사람이 워낙 없다 보니까 제가 만든 브이로그가 상당히 새로워 보였던 거죠. 그때 채널이 한 번 더 성장했어요. 그 후로 요리도 하고 아랍권 나라 여행 브이로그도 하고 그랬죠."

아랍 문화는 아직 우리나라에서 접하기 쉽지 않은 분야다. 아랍어를 전공하고 유학까지 다녀온 잔나에게도 현지 문화를 고려해 콘텐츠를 만들 때 많은 주의를 기울인다. 특히 종교적인 문화가 강한 점

잔나코리아의 잔나(이지은). 아랍 문화는 아직 우리나라에서 접하기 쉽지 않은 분야다. 아랍어를 전공하고 유학까지 다녀온 잔나에게도 현지 문화를 고려해 콘텐츠를 만들 때 많은 주의를 기울인다.

을 고려해 노출이 심한 옷이나 돼지고기는 피한다. 또 라마단[2] 기간에는 음식 사진이나 영상을 올리지 않는다.

"이런 적도 있어요. 현지인이랑 촬영을 했는데 여자들만 있을 땐 히잡을 벗거든요. 그런데 이걸 영상으로 내보낼 때는 히잡을 벗은 걸 모자이크를 해야 한다거나 그 부분을 다 잘라내야 한다든가 해야 했던 거죠. 그래서 현지인이랑 같이 촬영할 경우엔 히잡을 쓰는 친구라면 영상을 업로드하기 전에 먼저 보내서 검토를 받고 수정하고 해요. 사실 아랍인이라고 다 히잡을 쓰는 것도 아니에요. 히잡에 되게 보수적인 사람도 있고 아예 안 쓰는 사람도 있고 다양해요."

시청자들의 문화를 이해하고 반영하는 일은 글로벌 K크리에이터들에겐 피할 수 없는 숙제다. 잔나는 요르단에 편집자와 자막을 넣는 번역자를 두고 도움을 받고 있다. 문화적인 검토도 있지만 현지 트렌드에 맞는 콘텐츠를 제작하기 위해서도 필요한 현지인 스태프들이다.

현지 경험과 문화를 이해하기 위해서 노력한다
● ● ●

잔나는 아랍권의 문화나 최근 트렌드를 알고자 자주 현지에 가서 생활하기도 한다. 가장 오래 유학했던 요르단에 가서 친구들과 어울리며 여러 가지를 파악한다.

"요르단에 가면 친구네 집에서 살아요. 언어도 계속 공부해야 하니까 어학원도 다니면서 현지인 친구들이랑 계속 어울리죠. 그러면 뭔가를 조사하려고 하지 않아도 자연스럽게 요즘 유행을 알 수 있어요. 틱톡 같은 경우는 위치 기반이라 한국에선 아랍 쪽 콘텐츠를 보려고 해도 보기가 어려워요. 근데 그쪽에 머물고 있으면 틱톡 콘텐츠로 트렌드가 어떤지 볼 수 있어요."

잔나의 인스타그램도 아랍인들과 소통하는 중요한 창구다. 약 34만 명의 인스타그램 팔로어들과 댓글로 대화하고 질의응답Q&A을 진행하기도 한다.

잔나는 이 같은 현지 경험과 문화 이해 위에 한국인이라는 정체성을 얹어 콘텐츠를 만들어나갔다. 한국인으로서 아랍 문화를 경험하고 반대로 아랍 친구를 초대해 한국 문화를 경험시켜주는 콘텐츠들을 제작했다.

"아랍인들이 재미있는 도전을 하는 콘텐츠들을 좋아해요. 예를 들어 제 친구가 라마단 기간에 하루 금식하기 챌린지도 했고 하루 동안 클레오파트라로 변장해서 살아보기 같은 콘텐츠도 했어요. 이집

트인으로 살아보기, 사우디아라비아 여자로 살아보기 같은 것들도 했고요. 여러 가지를 했는데 반응이 굉장히 좋았어요. 자신들의 문화와 관련된 걸 다루면 좋아하더라고요. 제가 우리나라 아이돌을 소개하는 콘텐츠도 진행해요. 아랍 음식을 맛보게 한다든가 현지 노래를 듣게 하거나 하면 늘 조회수가 잘 나와요."

한국인으로서 아랍 문화를 이해하고 그 문화를 체험하는 콘텐츠는 아랍인들에게 친근하게 느끼게 했다. 이처럼 글로벌 콘텐츠의 경쟁력은 공감과 차이의 균형에서 나온다.

한국인이라는 것 자체가 강점이다

● ● ●

잔나는 자신에 대한 친근감과 한국에 대한 아랍인들의 관심을 바탕으로 한국 문화를 알리는 데도 힘을 쓰고 있다. 우리에겐 일상적인 모습이 그들에겐 새로운 콘텐츠가 되기에 좋은 반응을 얻고 있다.

"외국인들이 한국에 관심을 가지게 된 계기가 K팝과 한국 드라마잖아요. 그러다 보니 한국을 동경하는 분위기가 있어요. 특히 십대들이 많이 그렇죠. 그래서 한국 거리를 보여주거나 음식 문화를 소개하면 좋아해요. 예를 들어 우리나라 편의점에서 얼음컵에 커피를 부어 마시는 것만으로도 신기한 거예요. 삼각김밥 먹는 거나 라면에 치즈 넣어서 먹는 것조차 따라 하고 싶어 해요. 저희에겐 익숙하지만 그들에겐 접하지 못했던 한국의 모습이니까요."

아랍인들이 좋아하는 한국 문화에는 한국어도 빠지지 않는다. K팝의 가사나 드라마 대사 등으로 한국어를 접했기에 매력적인 사운드로 느낀다고 설명했다. 한국 콘텐츠에 대한 호감이 한국이라는 나라로 또 한국어라는 언어로 이어진 것이다. 이는 자연스럽게 한국인에 대한 긍정적인 인식으로 연결된다.

"한국어를 굉장히 배우고 싶어 해요. 듣기 좋아서 음악처럼 들린다고도 해요. 오히려 제가 아랍어를 하는 것보다 한국어를 하고 아랍어 자막을 넣는 걸 더 좋아할 정도예요. 드라마를 많이 보는 사람들은 '오빠' '고마워' '안녕하세요' 같은 말들을 알고 있어요. 워낙 많이 들으니까. 크리에이터로서 한국인이라는 것 자체가 강점이에요."

아랍어를 전공하고 아랍 국가에서 유학한 잔나는 시작부터 기능적으로 준비된 글로벌 크리에이터였다. 현지 문화를 이해하고 존중하며 끊임없이 공부하는 태도는 「잔나코리아」 채널의 중요한 경쟁력일 것이다. 그러나 아랍어를 사용하는 그 많은 국가의 문화에 모두 맞추는 것이 과연 가능할까. 이 질문에 대한 잔나의 답변은 '글로벌 K크리에이터의 시대'를 기대하게 만든다.

"너무 지나치게 고민하기보다는 저 자체를 보여주려 하는 편이에요. 여하튼 저는 한국인이니까."

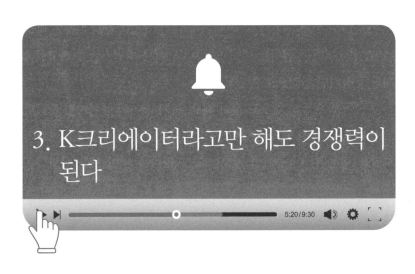

3. K크리에이터라고만 해도 경쟁력이 된다

5:20/9:30

K크리에이터는 막강한 영향력을 가졌다

● ● ●

유튜브라는 글로벌 플랫폼은 국제 네트워크를 가진 콘텐츠 기업이 아닌 각 개인도 세계의 많은 시청자와 만날 수 있는 기회를 만들었다. 거대 자본과 대규모 조직이 없더라도 글로벌 콘텐츠가 만들어질 수 있는 시대다. 영상 콘텐츠를 기업이 아니라 개인이 만들어 공개할 수 있게 된 환경이 큰 변화를 일으켰듯, 개인의 영상 콘텐츠가 한국을 벗어나기 시작한 현상도 국내 콘텐츠 지형에 상당한 변화를 만들 것이다.

한국 대중문화 콘텐츠의 영향으로 한국에 대한 세계인의 관심은 역사상 그 어느 때보다도 높다. 단순히 흥미를 느끼는 것을 넘어서 한국을 동경하는 이들이 많다. 앞서 만난 DKDK팀이나 잔나의 말처럼 해외 시청자들은 한국과 한국 문화를 더 깊이 알고 싶어 한다. K팝과 한국 드라마의 매력은 한국에 대한 긍정적인 이미지로 이어졌고 한국인 자체에 대한 호감으로 연결되고 있다. 바로 이 지점이 중요하다. 한국인, 즉 한국 문화를 배경으로 가진 사람이라는 것만으로 해외 시청자들의 주목을 받을 수 있다.

"저는 한국인이니까요."

잔나가 자신의 이야기를 맺으며 덧붙인 이 말은 K크리에이터의 맥락에서 핵심을 관통하는 말이다. 기업 중심의 콘텐츠로 글로벌 마켓에 진출할 때는 대상 문화권에 맞추는 자세를 취해야 했다. 하지만 개인 크리에이터의 해외 진출에는 한국인이라는 정체성 자체가 강점으로 작용하고 있다. K크리에이터의 글로벌 영향력이 앞으로 더 커질 것이라는 예상은 절대 헛된 기대가 아니다.

이미 변화는 시작됐다. K팝 아이돌의 인기는 개인 크리에이터들이 세계로 나갈 수 있는 기회를 열어줬지만 현재는 개인 크리에이터들의 채널을 통해 K팝 아이돌이 신곡을 해외 팬들에게 홍보한다. 앞서 만난 DKDK팀에게 해외 팬들이 한국 드라마의 해설을 요청하고「잔나코리아」의 잔나는 국내 스타들을 아랍권에 알리는 인터뷰를 진행하고 있다.「한나 코리아나」의 한나는 K뷰티를 남미권에 알리는 홍보대사 역할을 하고 있으며「올블랑TV」는 K팝 스타일을 접목한 K피트니스 콘텐츠를 구축했다.

이 같은 크리에이터들의 영향력은 단순히 구독자 수만으로는 설명되지 않는다. 단순히 많은 사람에게 한국의 이미지를 홍보하거나 문화 상품을 알리려는 목적이라면 레거시 미디어 채널의 국제 네트워크를 통하거나 현지에서 홍보 이벤트를 하는 편이 더 효과적일 것이다. K크리에이터의 국제적인 영향력은 이 같은 기존의 방식이 미치지 못하는 영역에서 발휘된다. 크리에이터들의 콘텐츠를 보는 시청자들은 취향을 중심으로 모인 집단이기에 해당 분야에 관심이 크고 소비력과 행동력을 가지고 있다. 또 시청자, 특히 팬들은 크리에이터와 정서적으로 친밀하게 느끼기에 크리에이터의 콘텐츠에 영향을 많이 받는다. K크리에이터들의 해외 팬들은 한국의 모든 것을 받아들이고 열성적으로 응원할 준비가 되어 있는 집단이다. K크리에이터의 메시지는 이 같은 팬들에게 시공간을 초월해 세계 곳곳에 전달된다.

이는 이번 장에서 만난 DKDK팀, 잔나코리아, 그리고 다른 영향력 있는 글로벌 K크리에이터들의 특징을 요약해보면 더욱 명확해진다. 첫째, 대상 문화권에 대한 충분한 이해와 배려다. 둘째, 해외 현지 팬들과의 소통과 교감이다. 셋째, 한국인의 정체성을 보여주는 스토리텔링이다.

DKDK팀은 영어를 사용하며 현지 커뮤니티와 SNS로 트렌드를 파악했고 적극적으로 팬들과 소통하며 공감대를 형성했다. 팬들에게 DKDK팀이 매력적이었던 것은 한국인으로서 한국 문화 콘텐츠의 숨은 의미와 맥락을 설명해준다는 점이었다. 「잔나코리아」의 잔나 역시 유학생활과 꾸준한 현지 방문으로 아랍권 문화를 공부했고 친구들과 직접 소통하며 현지 트렌드를 따랐다. SNS를 통해 팬들과 소통하며 한국인의 시선으로 신선한 콘텐츠를 제공했다.

유튜브이기에 글로벌로 갈 수 있다

●●●

해외 시청자들을 타깃으로 활동하는 K크리에이터들의 역량은 유튜브를 비롯한 글로벌 콘텐츠 플랫폼을 이해하는 데 중요한 단서를 제공한다. 유튜브는 단순히 해외 시청자들을 만나는 장벽만 없앤 것이 아니다. 앞서 언급한 '해외 팬들과의 교감'과 '한국인의 정체성을 보여주는 스토리텔링'이라는 특징이 함의하는 바를 자세히 살펴보자.

해외 팬들과의 교감이 중요한 이유는 채널 구독자들이 취향을 중심으로 모이는 집단이기 때문이다. 여기서 취향을 공유하는 집단이라는 점에 주목해야 한다. 개별 국가에서는 비주류인 주제일지라도 유튜브를 시청하는 전 세계 사용자들을 대상으로 하면 그 숫자가 크게 늘어난다. 한국에서는 대중적이지 않은 콘텐츠 분야라도 세계 어딘가에는 그것을 좋아하는 집단이 많을 수 있다. 유튜브는 국적과 관계없이 취향에 맞춰 콘텐츠를 추천한다. 그리고 그렇게 확보된 시청자들은 기존 미디어에선 볼 수 없는 콘텐츠를 제작하는 크리에이터가 활동을 이어갈 수 있게 한다.

예를 들어 애니메이션 OST 또는 게임 OST를 찾아 듣는 사람들을 생각해보자. 애니메이션은 마니아층이 있기는 하지만 기존 방송에서 콘텐츠로 다루기에는 타깃 대상이 적은 분야다. 더욱이 애니메이션의 내용이 아니라 음악만을 다룬다면 그 규모는 더 줄어들 것이다. 그러나 대상을 '전 세계의 애니메이션 팬'으로 확장하면 얘기가 다르다. 전 세계 곳곳에 애니메이션 팬들이 있고 작품의 OST를 감상하고 싶은 사람도 많다. 이들은 유튜브에서 좋아하는 애니메이션 음악

라온은 유명 애니메이션 OST를 직접 부르는 영상으로 약 440만 명의 구독자를 모았다. 영상의 댓글란에는 마치 K팝 영상처럼 해외 팬들의 댓글이 대부분을 차지한다. (출처: 나무위키)

을 들으며 동질감을 느끼고 자신들이 좋아하는 노래를 불러준 크리에이터에게 환호한다.

앞 사례는 음악 크리에이터 라온Raon의 이야기다. 라온은 유명 애니메이션 OST를 직접 부르는 영상으로 약 440만 명의 구독자를 모았다. 영상의 댓글은 마치 K팝 영상처럼 해외 팬들의 댓글이 대부분이다. 라온은 치위생사로 안정적인 직장생활을 하면서 취미로 노래하는 영상을 SNS에 올렸다. 이것이 계기가 되어 전업 크리에이터가 됐다. 과거 성우 지망생이었기에 애니메이션에 대한 이해도가 높았고 뛰어난 노래 실력까지 겸해 글로벌 팬층을 형성할 수 있었다. 현재 라온은 여러 게임의 OST 보컬로 섭외되고 다양한 공연에 초대되는 등 보컬리스트로서 활발하게 활동하고 있다.

만약 유튜브라는 글로벌 플랫폼이 없었다면 라온의 목소리가 빛을 볼 수 있었을까. 아마도 어려웠을 것이다. 라온 채널에는 조회수 400만 회가 넘는 영상들이 여럿 있고 댓글란이 여러 언어로 채워지지만 한국에서는 애니메이션 음악만으로 그만한 주목을 받을 수 없다. 이처럼 유튜브라는 글로벌 플랫폼은 다양한 콘텐츠를 시도할 수 있는 무대다. 더 많은 크리에이터가 등장하면서 소수 마니아들의 분야가 콘텐츠로 계속 발굴될 것이다. 이는 보편적인 취향을 거스르기 어려운 기존 미디어 콘텐츠 기업들이 시도할 수 없는 콘텐츠다.

세계적인 기준에서 보면 한국어 사용자는 많은 편이 아니다. 불과 몇 년 전까지만 해도 글로벌 콘텐츠 시장 진출을 어렵게 만드는 장벽 중 하나였다. 그러나 현재는 한국어와 코리아라는 브랜드의 위상이 달라졌다. 한국 콘텐츠들의 국제적인 대중성이 확인됐고 콘텐츠 소비를 위해 한국어를 배우는 사람들도 많아졌다. 국내 수요만으로는 부족한 주제의 콘텐츠들도 세계인들을 대상으로 인기를 끌 수 있는 바탕이 마련됐다. 이러한 변화는 K크리에이터들에게 열린 기회의 창이다. 앞서 우리가 만난 이들처럼 이미 해외 팬들의 사랑을 받는 K크리에이터들은 이 중요한 기회를 잡고 달려나가고 있다.

'문화 영토의 확장'이라는 말은 미디어 대기업이나 K영화나 K팝에만 국한된 것이 아니다. 개인 크리에이터들은 더 빠르게 한국의 문화 영토를 넓혀갈 것이다.

3장

K크리에이터는 어떻게
미래를 열어갈 것인가

● 크리에이터 이코노미는 기술의 발전과 함께 시작됐고 변화해 왔다. 또 시대적인 문화의 흐름에 따라 환경에 적응하며 새로운 도전 을 마주했다. 갈수록 콘텐츠 관련 기술이 빠르게 발전하고 대중 트렌 드가 시시각각 변하는 만큼 크리에이터들도 그에 맞춰 기민하게 반 응할 것이다.

기술 발전의 시각에서는 더욱 편리해진 영상 기기 및 소프트웨어 의 발전을 비롯해 생성형 인공지능의 활용, 메타버스의 대중화, NFT 기술 적용 등이 콘텐츠의 흐름을 바꿀 것으로 보인다. 챗GPT로 익 숙해진 생성형 인공지능의 발전은 영상 콘텐츠의 내용부터 이미지 와 배경음악까지 쉽고 빠르게 만들 수 있는 시대를 열 것으로 기대 된다. 물론 콘텐츠 제작과 흥행에 기능적인 요소만 필요한 것은 아니

메타버스 환경은 유튜브가 개인 크리에이터들의 영상 활동을 가능하게 한 것처럼 다른 방식의 콘텐츠 활동을 가능하게 하는 무대가 될 수 있다.

지만, 적어도 인공지능이 크리에이터 활동의 진입 장벽을 낮출 수는 있다.

메타버스 환경은 유튜브가 개인 크리에이터들의 영상 활동을 가능하게 한 것처럼 다른 방식의 콘텐츠 활동을 가능하게 하는 무대가 될 수 있다. 이미 메타버스 안에서 개인 개발자들이 각자의 개성을 담은 게임을 선보이며 활동하고 있다. 무엇이든 가능한 가상 세계에서 어떤 형태의 콘텐츠가 나올지 기대해볼 만하다.

NFT 기술은 크리에이터 이코노미의 큰 변화를 가져올 것이다. 디지털 콘텐츠의 가치가 명확하게 부여됨으로써 콘텐츠 자체로 개인 간 거래가 활발해질 것을 기대할 수 있다. 영상 외에 그림, 사진, 책 등 다양한 디지털 콘텐츠들이 고객직접판매D2C로 거래되며 시장을 형성할 것이다.

그러나 이 같은 전망은 어디까지나 기술 발전에 따른 환경 변화가 이러한 변화들을 만들 수 있다는 가정일 뿐이다. 대중적으로 자리 잡기까지 얼마나 걸릴지 알 수 없고 지금 주목받는 기술들이 기대만큼 실제로 활용될지조차 알 수 없다. 기술적인 시각에서의 전망이 가치가 없다는 의미가 아니다. 수많은 변수 속에서 미래를 전망하는 것이 그만큼 어렵다는 얘기다.

　먼 미래가 아닌, 곧 다가올 가까운 미래라면 현재 해당 분야에서 활동하는 이들이 가장 잘 예상할 수 있을 것이다. 크리에이터를 바라보는 사람보다 활발하게 콘텐츠 활동을 하는 크리에이터들이 자신의 분야에 다가오는 변화의 물결을 가장 정확하게 감지하고 있을 것이다. 크리에이터들은 수년 사이 불어닥친 콘텐츠 산업의 변화에 기민하게 반응해 적응했다. 그 감각을 가진 크리에이터들은 자신의 분야의 미래를 어떻게 전망하고 있을까? 크리에이터들은 앞으로의 전망을 묻는 질문에 먼 미래를 내다보기보다 현재 상황에서의 '넥스트 스텝'에 초점을 맞췄다.

1. 유튜브 안에서의 콘텐츠 다양성에 주목하라

유튜브라는 활동 무대는 크게 변하지 않을 것이다

●●●

크리에이터라는 용어와 '유튜버'가 유사한 의미로 사용될 만큼 현재는 유튜브 영상으로 활동하는 크리에이터가 가장 많다. 이 책에서 만난 크리에이터들도 대부분 유튜버들이다. 틱톡이나 인스타그램 인플루언서로 활동하는 경우가 있기는 해도 유튜브가 주요 활동 무대다. 그만큼 유튜브는 현재 크리에이터 콘텐츠 분야에서 가장 중요한 플랫폼이다. 미래를 전망할 때도 여기서부터 시작해야 한다.

크리에이터들은 유튜브 내에서의 변화가 계속 일어나고 있다고 말했다. 가까운 미래까지는 유튜브를 중심으로 한 크리에이터 활동이 유효하며 더 영향력이 커질 것이라고 내다봤다.

"요즘 '숏폼의 시대'라고 해서 많이들 틱톡을 해야 한다거나 릴스를 해야 한다고 하는데 그것도 자신을 키울 수 있는 수단이라고 보기는 해요. 그걸로 영향력을 키울 수 있겠죠. 하지만 유튜브 쇼츠가 있기 때문에 개인적으로는 유튜브라는 플랫폼에서 글로벌 대상 콘텐츠를 하는 것이 더 나아 보여요."

「DKDKTV」의 김경수가 한 말이다.

"지금 레드오션이다 아니다를 생각할 필요는 없는 것 같아요. 이런 말이 있죠. '치킨집은 망해도 치킨 시장은 망하지 않는다.' 자기만의 치킨을 만든다면 시장에서 망하지는 않겠죠. 마찬가지로 자기만의 콘텐츠를 만들 수 있으면 됩니다. 유튜브에서 브랜딩이 어떻게 되느냐가 중요하고 브랜딩이 된다면 그 다음은 유튜브가 아니어도 무엇이든 할 수 있는 게 많아지는 거죠. 유튜브는 다른 활동들로 나아가는 다리가 될 겁니다."

「지식인미나니」의 이민환이 한 말이다.

콘텐츠 소비는 관성적으로 이뤄진다. 온라인 영상을 모바일 기기로 소비하는 현재에도 TV 채널들이 여전히 영향력을 가지고 있는 것처럼 새로운 콘텐츠 플랫폼이 등장하더라도 지금까지 유튜브를 이용하던 많은 사람이 금세 떠나지는 않을 것이다.

트렌드에 따른 유튜브의 변화에 주목하다

● ● ●

유튜브가 새로운 트렌드를 흡수한 대표적인 사례가 '쇼츠' 서비스다. 쇼츠는 틱톡에서 시작된 숏폼의 유행에 대응하는 서비스다.

2016년 만들어진 틱톡은 2017년 세계적으로 인기를 끌면서 '숏폼 붐'을 일으켰다. 1분이 채 되지 않는 영상과 모바일 화면에 최적화한 화면 사용자 인터페이스UI는 십대 청소년들을 사로잡았다. 짧은 영상 길이만큼 스토리가 있는 콘텐츠보다 춤, 노래, 메이크업, 패션 등 이미지 중심의 콘텐츠가 주를 이뤘다.

유튜브는 2021년 7월 쇼츠 서비스를 시작했다. 틱톡에서 확인된 숏폼의 수요는 유튜브에서도 유효했다. 60초 이내에 짧은 영상이라는 점은 틱톡과 다르지 않았다. 하지만 유튜브에는 다른 강점이 있었다. 바로 그간 누적된 크리에이터들과 시청자들이다. 각각의 개성을 가진 크리에이터들은 자신의 콘텐츠를 짧은 영상으로 재편집해 쇼츠로 올렸다.

십대 취향의 이미지가 대부분인 틱톡과 달리 유튜브 쇼츠는 좀 더 다양한 숏폼 콘텐츠들로 채워졌다. 유튜브에서 활동하는 크리에이터들은 쇼츠 콘텐츠를 채널의 광고로 활용하기도 하고 쇼츠만을 위한 영상을 별도로 제작하기도 했다. 그 결과 유튜브는 숏폼과 롱폼 영상이 공존하는 플랫폼이 됐다. 짧은 영상을 선호하는 사용자들은 숏폼으로 만족하기 때문에 크리에이터는 롱폼 콘텐츠에서 더 길고 자세한 영상을 만들 수 있었다.

유튜브는 가상현실VR 영상도 2015년부터 지원하고 있다. 유튜브라고 하면 평면 영상을 떠올리기 쉽다. 하지만 현재 가장 확산력이 뛰어난 가상현실 영상 플랫폼이 유튜브다. 간단한 가상현실 안경과 스마트폰만 연결하면 유튜브로 360도 가상현실 영상을 볼 수 있다. 이는 대중음악 콘텐츠에서 특히 많이 사용됐다. 신곡 뮤직비디오나

유튜브는 새로운 것들을 계속해서 흡수해왔다. 지배적 플랫폼의 힘이다. 콘텐츠 기술은 어디까지나 콘텐츠를 소비하는 사람을 사로잡아야 가치가 생긴다.

무대 영상을 유튜브 가상현실 영상으로 공개해 더 입체적으로 팬들에게 전달하는 방식이 한동안 유행했다. 가상현실 기술이 주목받으면서 '유튜브 다음은 가상현실'이라고 전망했던 이들이 많았다. 오히려 유튜브는 그 가상현실 기술을 가장 대중적으로 소비하는 곳이됐다.

유튜브는 주류 콘텐츠 플랫폼 자리를 지킬 것이다

● ● ●

쇼츠와 가상현실 영상에서 볼 수 있는 것처럼 유튜브는 새로운 것들을 계속해서 흡수해왔다. 지배적 플랫폼의 힘이다. 콘텐츠 기술은 어디까지나 콘텐츠를 소비하는 사람을 사로잡아야 가치가 생긴다. 그런데 그 콘텐츠 소비자들이 유튜브에 몰려 있다. 콘텐츠를 제작하는 크리에이터들은 소비자들이 모여 있는 유튜브에서 활동하기를 원하고 유튜브는 크리에이터들에게 새로운 기술을 흡수해 활용할 수 있도록 환경을 제공한다. 기술의 발전 속에서도 계속해서 유튜브가 주류 콘텐츠 플랫폼으로서 위치를 지킬 가능성이 크다. 결국 그 안에서 활동하던 크리에이터들 또한 유튜브를 중심에 둘 수밖에 없다. 유튜브에서 영향력을 얻고 다른 활동들을 시도하는 방향으로 갈 것이라는 크리에이터들의 전망은 이와 같은 배경에서 타당하다.

일부에서는 유튜브가 그만큼 거대한 플랫폼이기 때문에 미래의 기회를 보기에는 한계에 달한 '레드오션'이 아니냐는 지적도 있다. 더이상 새롭게 유입될 이용자들이 적고 크리에이터들 간 경쟁이 치열해져 미래를 기대하기는 어려울 것이라는 전망이다. 이와 관련해 수면 전문 크리에이터 브레이너 제이는 다음과 같이 설명했다.

"유튜브 안에 채널 공급자 수가 많이 쌓인 것은 사실이죠. 하지만 수요가 증가하는 걸 봤을 땐 아직 공급자(크리에이터)가 레드오션이라고 볼 만큼 많은 건 아닐 수도 있다는 생각을 해요. 개발도상국들을 생각해보면 앞으로 유튜브에 추가로 유입될 국가들도 있죠. 그런 국가들을 보면 경제 성장과 함께 유튜브 이용자도 늘고 있어요."

어디서나 불편함 없이 유튜브 영상을 볼 수 있는 나라들에서 유튜브는 어느 정도 성장 한계에 이른 플랫폼으로 보일 수 있다. 그러나 IT 인프라를 하나씩 갖춰가는 국가들로 눈을 돌려보면 여전히 미개척 시장이 크다. 그와 같은 국가의 사람들이 크리에이터 콘텐츠를 소비하기 시작한다면 어떤 플랫폼을 선택하게 될까? 당연히 이제까지 크리에이터들과 콘텐츠가 누적된 유튜브일 수밖에 없다.

　이 같은 시각은 K크리에이터들에게도 글로벌 진출에 대한 또 다른 아이디어를 준다. 흔히 대중문화의 주류 시장으로 보는 북미나 유럽이 아니더라도 글로벌 크리에이터로 진출할 많은 국가가 남아 있다는 점이다. 남미를 타깃으로 하는 채널 「한나 코레아나」의 한나와 아랍권에서 한국을 알리고 있는 잔나의 이야기들이 좋은 참고가 될 것이다.

　앞으로 유튜브를 이용하는 국가가 늘어날 것이라는 전망은 유튜브에 그만큼 문화적 다양성이 확대되리라는 예상으로 이어진다. 다양해진 이용자들을 대상으로 크리에이터들은 콘텐츠를 만들 것이다. 유튜브의 콘텐츠는 그만큼 다양성을 갖게 될 것이다.

2. 결국엔 크리에이터가 기대하는 기술이다

크리에이터가 원하는 기술이 우선권을 가진다

●●●

콘텐츠 기술은 수용자의 기대에도 부응해야 하지만 크리에이터의 필요에도 맞아야 한다. 기술의 효용성은 결국 그 기술을 활용해 콘텐츠를 만들 수 있느냐에 달려 있기 때문이다. 이러한 측면에서 크리에이터들이 어떤 기술을 필요로 할지가 중요하다.

크리에이터의 등장은 영상 제작과 배포에 대한 진입장벽이 낮아진 것에서 비롯됐다. 그래서 UCC라는 용어의 사용을 크리에이터의 태동으로 설명했다. 사용자USER가 콘텐츠 생산자로 자리 잡는 데는 분명히 영상의 디지털화가 중요한 변곡점이 됐다. 그러나 현재는 크리에이터를 중심으로 모인 팬들이 온라인 콘텐츠 소비를 주도하는 시대다. 당시와 달리 기술이 크리에이터를 만드는 것이 아니라 크리에이터가 원하는 기술이 우선권을 가지게 될 것이다.

크리에이터의 개성을 더 보여줄 수 있는 기술, 크리에이터의 콘텐츠 제작을 더 용이하게 만들 수 있는 기술이 먼저 선택될 것으로 보인다. 혁신적인 기술이 새로운 형태의 크리에이터 집단을 만들 수 있는 가능성은 있지만 그 또한 기존 크리에이터 집단의 선택에 따르게 될 것이다. 앞서 살펴봤듯 자신만의 스토리텔링을 보여줄 수 있는 훈련된 크리에이터가 새로운 기술로 펼쳐질 시장 또한 선점할 것이기 때문이다.

직접 이야기를 나눈 크리에이터들도 새로운 기술에 대해 관심을 갖고 있었다. 대중의 관심을 끄는 콘텐츠 형식이 달라지면 크리에이터들은 그 변화에 적응할 준비가 되어 있다.

"콘텐츠 전반적인 트렌드로 보자면 요즘 버추얼 인플루언서가 눈에 띄죠. 또 실감형 콘텐츠나 메타버스도 사람들이 많이 얘기하고 있고요. 새로운 트렌드라면 그쪽에서 나오지 않을까 싶어요."

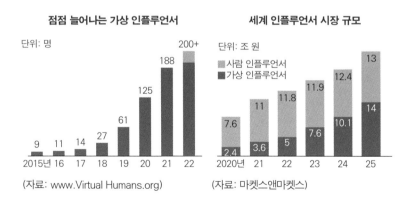

점점 늘어나는 가상 인플루언서
단위: 명

2015년	16	17	18	19	20	21	22
9	11	14	27	61	125	188	200+

(자료: www.Virtual Humans.org)

세계 인플루언서 시장 규모
단위: 조 원
■ 사람 인플루언서
■ 가상 인플루언서

2020년	21	22	23	24	25
7.6	11	11.8	11.9	12.4	13
2.4	3.6	5	7.6	10.1	14

(자료: 마켓스앤마켓스)

전 세계에서 가장 유명한 가상 인플루언서 마켈라 (출처: 유튜브 캡처)

「잔나코리아」의 잔나가 한 말이다.

"최근에 챗GPT로 생성형 인공지능을 활용하는 콘텐츠 제작 얘기가 나오는데 그 경우에는 콘텐츠가 양산화되어서 오히려 나중엔 외면받을 것 같아요. 웹소설 쪽에서 그런 식으로 찍어낸 소설들이 나중에는 외면을 받았거든요. 제가 관심을 갖는 분야는 게임 엔진을 사용한 영화나 미디어 콘텐츠들이에요. 최근에는 LED 스크린을 사용해 배경을 만들어 촬영하는 영화들도 있죠. 이런 기술이 더 사용하기 쉽게 발전한다면 크리에이터 시장에 영향이 크지 않을까 싶어요."

「화니의 주방」의 이주환이 한 말이다.

제이나

2024년 제주도 도정 정책 뉴스를 진행하는 버추얼 아나운서 제이나 (출처: 유튜브 캡처)

메타버스와 그래픽 기술과 LED로 한계를 극복하다

● ● ●

크리에이터들에게 제작 환경은 큰 고민 중 하나다. 꾸준히 콘텐츠를 제작해 팬들과 소통해야 하는 입장에서 원하는 환경에 맞는 촬영 시점을 마냥 기다릴 수 없기 때문이다. 콘텐츠 소비자들의 눈높이는 높아졌다. 개인 크리에이터들은 그 눈높이를 따라갈 여건을 마련하는 데 어려움을 겪는다. 메타버스나 가상 스튜디오 기술은 이 같은 고민을 해결해 줄 수 있을 것이다.

그래픽 기술로 만들어진 가상의 인물인 버추얼 크리에이터도 개인 콘텐츠 제작에 변화를 가져올 수 있다. 콘텐츠 제작 능력을 가졌지만 자신이 직접 출연하는 것이 콘텐츠의 방향과 맞지 않는다면 버추얼 크리에이터를 내세워 해결할 수 있다. 인공지능 더빙 기술을 활용하면 이미지에 맞는 목소리를 입히는 것도 가능하다.

2024년 제주도 도정 정책 뉴스를 진행하는 버추얼 아나운서 제이나의 예를 보자. 제이나는 대중에게 '연봉 60만 원 아나운서'라고 불리며 눈길을 끌었다. 그래픽과 인공지능 더빙으로 만들어진 가상 인물임을 알고 봐도 영상을 시청할 때 이질감이 들지 않는다. 그래픽 기술을 가진 일부 크리에이터들도 이미 이와 같은 시도를 하고 있다. 버추얼 크리에이터라고 해서 팬덤을 구축하는 것이 불가능하지는 않다. 실제 연기자를 알 수 없는 펭수도 팬들이 생기고 그보다도 앞서 많은 애니메이션 캐릭터에 대한 팬덤이 형성됐던 것을 떠올려보자. 버추얼 크리에이터라도 실제 인물처럼 사랑받을 수 있다.

메타버스는 이미지화된 버추얼 크리에이터가 활동할 수 있는 무대를 더욱 넓혀줄 것이다. 버추얼 크리에이터가 메타버스 안에서 직접 팬들과 만나고 활동하는 모습을 상상할 수 있다. 이때 버추얼 크리에이터를 실제로 누가 운영하는지는 중요하지 않다. 사람들은 이미지화된 버추얼 크리에이터 자체와 교감하며 그(또는 그것)를 중심으로 모일 것이다.

LED 배경을 활용하는 가상 스튜디오는 현재 SF 영화에서 많이 사용되는 기술이다. 전에는 블루스크린 형태의 크로마키를 세우고 배우가 상상으로 연기한 뒤 후작업으로 배경을 입혔지만 LED 배경을 활용하면 영화 속 상황을 구현해 몰입하며 촬영할 수 있다. 배경을 별도로 작업해야 하는 과정도 없어져 제작 기간도 단축된다. 「스타워즈」 「쥬라기 공원」 등이 LED 배경을 활용해 촬영한 대표적인 작품이다. 국내에서도 SK 텔레콤이 판교 제2테크노밸리에 LED 월 스테이지를 갖춘 스튜디오를 만들었고 CJ ENM도 경기도 파주에 LED 월 기술을 적용한 스튜디오 단지를 구축했다.

메타버스 내 콘텐츠

이 같은 LED 스튜디오가 개인 크리에이터들이 활용할 수 있을 정도로 확산된다면 크리에이터들은 더 자유롭게 다양한 콘텐츠를 생산할 수 있을 것이다. 과학 크리에이터들은 내용에 맞는 자료화면을 배경으로 실감 나는 콘텐츠를 제작하고 음악 크리에이터들은 곡에 맞는 배경에서 더 큰 감동을 전하게 될 것이다. 크로마키로 합성하는 것보다 훨씬 자연스럽고 배경을 합성하는 작업 과정도 없어지니 제작은 더욱 쉬워진다. 근래에 많이 늘어난 스케치 코미디나 콩트 장르도 로케이션의 부담 없이 만들 수 있다.

크리에이터들이 기대하는 기술들은 결국 '콘텐츠를 더 잘 만들 수 있는 기술'이다. 누군가는 이를 근시안적인 생각이라고 할지도 모른다. 어쩌면 현재의 틀에서 벗어나지 않으려는 편협한 시각으로 생각할 수도 있다. 그러나 오늘날 온라인 콘텐츠를 주도하는 이들의 필요는 기술의 흐름에 영향을 미칠 것이다.

앞으로의 플랫폼이나 기술 발전은 전망하기 어렵지만 결국 크리에이터는 그 환경에 맞춰 자신의 스토리텔링을 구현할 수 있는 사람들이다. 페이스북을 거쳐 유튜브에서 영향력 있는 채널로 자리 잡은 「올블랑TV」의 여주엽 대표는 미래 전망을 다음과 같이 말했다.

"메타버스가 지금은 뭔가 모호하지만 언젠가는 정리가 되겠죠. 그쪽으로 자본도 많이 몰리고 있으니까요. 가상현실VR, 증강현실AR도 그렇고요. 이런 상황에서 유튜브가 10년을 갈지, 15년을 갈지 아무도 몰라요. 하지만 유튜브가 힘을 잃는다고 해도 스토리텔링 능력은 남잖아요. 메타버스 시장 안에서도 어떤 형태가 될지는 모르지만 스토리텔링으로 내 콘텐츠를 소비하게 하는 전환 능력이 뛰어난 사람들이 유리할 겁니다. 현재는 유튜버라고 묶어서 말하지만 요리하는 사람, 여행하는 사람, 운동을 가르치는 사람, 지식을 공유하는 사람 등 내용은 다 달라요. 모두 다른 내용에 따라 각자의 스토리텔링 방법이 있거든요."

3. K크리에이터가 미래를 바꾼다

왜 글로벌 콘텐츠 시장에서 K크리에이터가 먹히고 있는가

●●●

이미 한국 크리에이터들은 글로벌 무대에서 활약하고 있고, 각국에서 팬들의 지지를 얻었다. 화려한 스포트라이트를 받는 K컬처가 K팝과 K드라마 등이라면 K크리에이터들은 해외 사용자들과 더 가까운 곳에서 긴밀하고 뿌리깊은 관계를 맺으며 한국 콘텐츠를 확산시키고 있다.

이 책에서 만나게 될 K크리에이터들 중에는 '해외 출신 K크리에이터'도 있다. 그들과의 대화에서도 K크리에이터는 토종 한국인만이 아니라 더 넓은 범위로 이해해야 함을 확인할 수 있었다. 우리가 집중해야 할 부분은 한국인이 아니라 한국 문화가 가진 특수성이다. 이에 대해 크리에이터들은 어떻게 생각하고 있는지 알아보자.

"우리는 흥도 많고 재능도 많고 굉장히 뜨거운 사람들이잖아요. 분명히 매력적인 어떤 에너지를 갖고 있는 민족이에요. 그러니까 사람들이 끌려오는 것이고요. 우리가 좋아하는 대로 잘하면 될 것 같아요. 그리고 마침 시대도 한국에 관심을 갖고 있으니 우리가 좋아하는 그대로를 하면 될 것 같아요.

뭐, 외국인들 듣기 좋으라고 막 굳이 거기에 맞춘다거나 외국어를 너무 과하게 막 이렇게 한다 하는 것도 굳이 필요하지 않아 보여요. 우리가 좋아하는 그대로를 보여주면 그게 지금은 세계에서 히트할 수 있는 거예요. 시대적으로도 맞아요. 우리는 민족 자체가 유리한 민족이에요. 너무 팔이 안으로 굽는 얘기일지도 모르겠지만요. 다른 나라에선 이렇게 못 해요. 이 뜨거움, 이 열정이 콘텐츠가 되는 거예요. 우리나라 사람인 것 자체가 장점이에요."

「미기TV」의 미기가 한 말이다.

"한국 유튜버들을 보면 재밌게 만들려고 다들 굉장히 애를 써요. 경쟁이 심하죠. 외국 영상들은 이렇게까지 안 하거든요. (한국 크리에이터들은) 편집도 정말 기존 지상파 예능 수준으로 해요. 경쟁이 치열한 환경 그 자체가 경쟁력이 되는 것 같아요. 미국이나 유럽처럼 유튜브가 우리보다 먼저 진출한 나라들과 비교해도 그렇게 애써서 만들지는 않아요. 그렇게 해도 그 나라에선 통하니까요.

'먹방'만 봐도 우리나라처럼 사운드부터 색감까지 다 신경 써서 만들지 않아요. 하지만 우리나라 사람들은 '대충'이 안 되죠. 더 높은 퀄리티로 가니까 외국에서도 우리나라 영상을 더 많이 볼 수밖에 없는 거예요. 거기에 한류의 흐름까지 있으니까 언어의 거부감까지 뛰어넘는 거죠."

「파파네가족」의 임재승이 한 말이다.

크리에이터들은 한국만의 치열함을 강점으로 꼽았다. 실제로 한국은 유튜브 통계에서도 가장 많은 크리에이터가 활동하는 나라다. 경쟁이 치열한 만큼 K크리에이터들은 더 많은 노력을 쏟고 있고 그만큼 높은 수준의 콘텐츠가 생산된다.

콘텐츠가 문화적 경계에 가로막히는 시대는 이미 지나갔다. 일찍이 문화 역사학자 로렌스 새뮤얼은 2020년대의 큰 변화를 전망하며 '범문화 시대'를 이야기 한 바 있다.

"이제는 낡아빠진 주류-비주류 기반의 문화적 잣대를 버리고 인류의 대부분이 (어쩌면 전부가) 범문화 시대에 살고 있다는 전제를 받아들여야 할 때"라며 "세계 시장의 개별 소비자를 인종 혹은 민족 기준으로 깔끔하게 나누려는 태도를 버리고 범문화주의 시대를 살고 있으며 미래에는 이러한 현상이 더욱 가속화되리라는 사실을 염두에 두고 움직여야 한다. 나는 이 새로운 접근법이 소비자를 자로 잰 듯 구분하는 기존 모델보다 훨씬 현실적이라고 확신한다."[1]

문화적인 차이로 느껴지는 거부감보다 품질 자체의 경쟁력이 더 중요하다는 얘기다. 콘텐츠 경쟁력에서 이 같은 전망이 정확히 맞고 있음을 우리는 K콘텐츠의 흥행에서 이미 확인했다.

K크리에이터들의 글로벌 진출을 긍정적으로 볼 수 있는 또 다른 이유는 역설적이게도 비교적 작은 한국어 시장이다. K크리에이터들은 한국어 사용자들만을 대상으로는 성장에 한계가 있음을 체감하

고 있다. 이는 K크리에이터들이 글로벌 사용자들을 공략해야만 한다는 위기감을 느끼게 했다. 한국은 분명 소비력이 큰 시장이고 그만큼 광고료를 비롯한 수익이 적지 않은 환경이지만 현재의 크리에이터들이 처한 상황은 유튜브의 광고 수익 배분만으로는 살아남기 어렵다. 글로벌 시장으로 눈을 돌릴 수밖에 없는 입장에서 '코리아'라는 브랜드가 세계적으로 힘을 얻었다. 크리에이터로서는 해외 진출을 위한 절호의 기회가 찾아온 셈이다.

"유튜브에는 번역 기능이 있어요. 저는 그걸 많이 활용하고 있는데요. 내가 원하는 언어로 바꿔서 표시해주죠. 저는 제목을 34개국 언어로 일일이 번역기를 돌려서 올려요. 물론 번역기가 정확하지 않을 수 있죠. 하지만 누구든 외국인이 자기 나라 말로 콘텐츠를 올리면 들어가서 보고 싶지 않을까요? 그 번역기를 돌려서 입력하는 작업이 그렇게 오래 걸리지도 않아요. 영상당 30분만 투자하면 다 할 수 있습니다." 「파파네가족」의 임재승이 한 말이다.

때마침 유튜브에서도 번역 기능을 지원하고 인공지능 번역 기술이 발전해서 조금은 어색하더라도 어떤 언어로든 자막을 입힐 수 있는 시대가 됐다. 한국어 사용자가 적다는 한계가 무너지기 시작한 것이다.

이미 한국을 좋아하는 것을 넘어 동경하는 사람들이 있다. 그 입장에서 상상해보자. 조금은 어색한 번역이 문제가 될까? 한국어 이해를 돕는 텍스트로서의 기능만 하면 충분하다. 과거 영미권의 팝송을 발음 그대로 받아적으며 들었던 세대를 떠올리면 이해하기 쉬울 것이다. 온라인에서 한국의 위상은 이미 그 수준으로 올라섰다.

K크리에이터는 이제 유튜브 콘텐츠를 넘어 온라인 콘텐츠의 미래

를 먼저 열어가고 있다. 치열한 경쟁 속에서 더 뛰어난 콘텐츠를 만들고자 하는 열정과 콘텐츠 시장에 대한 투자가 합쳐져 세계 어느 나라보다 앞서 크리에이터 콘텐츠 시장을 개척하고 있다.

"우리나라에서 잘했던 서바이벌 프로그램에 예능이나 드라마 등의 형식을 하나의 콘텐츠에 접목하는 프로그램들이 나오잖아요. 해외에서는 이렇게 막 하이브리드 형식으로 나오는 게 드물어요. 채널에서 하던 것만 계속하지 이렇게 새로운 도전을 하지는 않거든요. 이런 스타트업 정신을 가지고 움직이는 채널은 별로 없어요. 최근 우리나라에서는 스타트업 시장과 유튜브 시장이 겹치기 시작했고 투자나 정부 지원이 이뤄지면서 하이브리드 콘텐츠가 가능하게 됐죠. 그게 차별점일 수도 있겠다는 생각이 들어요."

「올블랑TV」의 여주엽 대표가 한 말이다. 그는 유명 피트니스 채널 「피지컬 갤러리」의 '우마게임'을 예로 들었다. '우마게임'은 유튜버 '우마'와 피지컬 갤러리의 '김계란'이 함께 기획하고 진행한 웹예능 프로그램이다. 유명 유튜버들을 섭외해 서바이벌 게임을 펼치고 그 안에서 일어나는 에피소드를 담는 방식이었다. 지상파 예능과 유사한 방식을 취하면서도 크리에이터들 각각의 개성을 살려 온라인 콘텐츠에 맞는 방식으로 재해석해 사람들의 관심을 끌었다. 개성이 강한 크리에이터들의 특성, 서바이벌 게임이라는 규칙, 유튜브에서 시도하기 어려운 대규모 투자가 결합된 프로그램이라는 점에서 한국형 웹예능의 현재를 보여줬다고 할 수 있다.

이렇듯 K크리에이터들은 주제와 장르를 복합적으로 다루고 다양한 방식으로 접근하며 새로운 콘텐츠를 만들어내고 있다. 아직 해외

유튜브 「피지컬 갤러리」의 '우마게임'. 유명 유튜버들을 섭외해 서바이벌 게임을 펼치고 그 안에서 일어나는 에피소드를 담는 방식이다. 해외에서는 이러한 하이브리드 형식이 드물다. (출처: 유튜브 캡처)

에서 시도되지 않는 콘텐츠들이다. 국내에서는 유튜브 콘텐츠의 가능성을 높게 보고 투자가 이뤄졌기에 가능했다. 콘텐츠 분야에 대한 정책적인 지원 사업이 이를 돕고 있다.

한국이 개척자이기 때문에 참고할 선례가 없다

●●●

이처럼 K크리에이터들의 미래는 희망적이지만 세부적으로 전망하기는 쉽지 않다. 이제까지 많은 분야에서 우리는 해외 사례를 참고해 미래를 전망할 수 있었다. 하지만 크리에이터 콘텐츠에서는 오히려 한국이 선례를 만들어가고 있기에 참고할 해외 사례가 없다. 가장 앞서 나가는 개척자들에게는 위험과 불안함이 따르게 마련이다. 현재 K크리에이터들이 그렇다.

분명한 것은 K크리에이터들이 새로운 시대의 콘텐츠를 선도하고 있으며 그만큼의 시행착오도 동시에 겪고 있다는 점이다. K크리에이터들은 콘텐츠 시장을 바꾸는 개척자로서 무수히 많은 시도를 앞으로도 이어갈 것이다. 시행착오와 부작용도 발생할 수 있다. 이는 어디까지나 개척자로서 피할 수 없는 상처일 뿐이다. 결국 해외의 많은 크리에이터들은 K크리에이터의 길을 참고하며 따르게 될 것이다.

　지금과 같은 흐름에서는 발전하는 기술의 적용도 K크리에이터들의 선택에 좌우될 것이다. 세계 어느 곳보다 경쟁이 치열하고 콘텐츠 생산의 효율성을 필요로 하는 K크리에이터들만큼 새로운 기술을 빠르게 받아들일 수 있는 집단은 없다. K크리에이터들이 선택한 기술과 플랫폼이 주류가 될 가능성이 높다. 유튜브를 비롯해 세계의 주요 IT 기업들이 K크리에이터들을 주목하는 이유다.

4장

K크리에이터가 미래
트렌드를 제시한다

Creator Initiative

● 이 책에서 나는 '개인 크리에이터'라는 말을 자주 사용했다. 크리에이터라는 용어 자체가 개인 또는 소수의 팀을 함의하고 있음에도 '개인'을 강조했다. 크리에이터 산업을 논할 때 기업화되지 않은 개인으로서의 가치가 중요하기 때문이다. 크리에이터라는 말이 UCC에서 시작됐음을 되돌아보자. 대규모 자본이 투입되지 않고 개인이 사용자들과 직접 소통하는 도구로 영상 콘텐츠가 활용되면서 개인 크리에이터들이 영향력을 갖기 시작했다.

이러한 크리에이터 산업에서의 중요한 흐름은 많은 인력과 기술이 동원되어야 했던 영상 콘텐츠 제작을 개인이 할 수 있게 되면서 생긴다. 즉 초점은 개인 크리에이터에게 집중되는 것이 당연하다. 다소 거친 촬영과 날것의 자연스러움 등이 온라인 콘텐츠의 특징으로 여겨지기도 했지만 그것들은 개인이 영상을 만들면서 겉으로 나타난 현상일 뿐 핵심이 아니라는 사실을 알아야 한다.

크리에이터와 시청자의 관계 맺기가 중요하다

● ● ●

여전히 '유튜브 콘텐츠는 거칠고 투박해야 생동감이 있다.'라는 생각으로 접근하는 브랜드 채널이나 기관들을 보면 안타까울 때가 있다. 중요한 것은 출연자 또는 운영자와 사용자가 얼마나 밀접한 관계를 맺느냐이다. 크리에이터와 시청자의 밀접한 관계가 우선이기 때문에 투박하고 거친 영상이 양해되고 그마저도 하나의 매력으로 보일 뿐이다.

개인 크리에이터는 자기 자신이 곧 콘텐츠다. UCC로 시작된 온라인 영상 콘텐츠에서 크리에이터들은 자신이 얼마나 콘텐츠로서 가치가 있는지를 증명하는 것으로 경쟁해왔다. 얼마나 기상천외한 아이디어를 가지고 있는지, 얼마나 호감을 주는 대화를 하는지, 얼마나 전문적인 지식을 가졌는지, 얼마나 특별한 시각을 보여주는지가 중요했다. 그 과정에서 무리한 시도로 윤리적인 논란도 일었고 선정성이나 가짜 뉴스 등 과도기적인 문제도 불거졌다. 이런 문제들은 어쩌면 개인의 특별함으로 대중의 시선을 사로잡기가 얼마나 어려운지 보여주는 방증일지도 모른다.

자신을 보여주고 시청자 팬들과 소통하는 느낌을 주기 위해 크리에이터들은 여러 방법을 찾아냈다. 게임 방송에는 게임 플레이 화면에 목소리만 들려주던 방식에서 작게나마 플레이하는 크리에이터의 모습을 보여주는 화면 구성이 도입됐다. 손의 움직임에만 초점을 맞추던 공예 콘텐츠는 크리에이터의 모습을 보여주는 작업 전체 모습을 잠깐씩이라도 보여주는 편집을 적용했다. 피아노, 기타, 가야금 등을 연주하는 연주 콘텐츠는 사운드뿐 아니라 곡에 어울리는 의상을 입고 연주 모습 전체를 보여주는 콘텐츠가 많아졌다. 과학교양 콘텐츠를 다루는 「지식인미나니」 채널 같은 경우도 실험 화면이나 자료 화면을 보여주며 설명하는 방식에서 직접 찾아가 체험하고 설명하는 형식을 더했다. 크리에이터 개인의 모습이 그만큼 중요하기 때문이다.

정작 기존에 '유튜브 노하우'로 알려진 것들은 필요하지 않은 내용이 많다. 사람들의 취향은 노하우가 정립되는 속도보다 빠르게 달라져왔다. 화면 전환의 속도, 배경음악 사용법, 자막 디자인 등의 세세한 것들이 노하우로 공유되기도 했지만 트렌드는 어디까지나 트렌드일 뿐이다. 유행이 지나면 그 또한 촌스러운 과거의 콘텐츠가 된다.

과거 성공 공식이 아니라 개성을 내세워라
● ● ●

채널 운영 방법이나 태그 붙이기 등의 기술적인 방법으로 접근하는 것 또한 약간의 도움은 될 수 있지만 실제로 영향력 있는 크리에이터들은 그런 방법론이 큰 도움은 되지 않는다고 말한다. 다음은 「리월드」의 케빈이 한 말이다. "유튜브에 대한 방법론? 볼 필요 없어요. 옛날에 자기들이 돈 벌었던 거, 지나간 방법들 가지고 얘기하는 거잖아요. 콘텐츠 시장이 얼마나 빨리 바뀌는데요. 제목을 어떻게 붙여라, 썸네일을 어떻게 해라 말들이 많은데 그것도 이미 지난 얘기죠. 적당한 시간 같은 것도 없어요. 만약 한 시간이라고 해도 재밌으면 중간에 끄겠어요? 그런 건 다 부수적인 것일 뿐이에요. 본질이 중요하죠. 본질이 흔들리면 그런 것들은 아예 생각할 필요도 없어요."

본질은 자기 자신만의 개성이다. 이용자들에게 크리에이터가 보여주고자 하는 진실된 모습 그 자체다. K크리에이터들이 새로 시작하려는 크리에이터들에게 "자신만의 강점을 내세워 시작하라."라고 조언하는 이유다.

이 본질이 크리에이터의 경쟁력이 된다. 현재 한국은 전 세계에서 주목받고 있다. K크리에이터들은 한국 문화를 바탕으로 한다는 것만으로도 그 경쟁력을 가지고 있다.

1. '한국인다움'이 K크리에이터의 특이점이다

한국이 신흥 콘텐츠 강국으로 자리매김하다

● ● ●

미국에서 유행한 팝송을 줄줄이 알고 있으면 유식한 사람으로 여겨지던 시절이 있었다. 선진국으로 동경하던 미국의 가수, 배우, 작가는 그 자체로 선망의 대상이었다. 록 음악을 좋아했다면 영국 밴드들의 음악에 심취하는 것이 당연했다.

1990년대에는 일본 대중문화를 즐기는 것이 젊은이들의 세련된 일탈이었다. 공식적으로 일본 대중문화가 개방된 것은 1998년 10월이지만 당시의 1020세대는 그전부터 해적판으로 일본 만화, 애니메이션, 대중음악을 즐겼다. 당시 일본은 한국보다 세련된 콘텐츠를 생산하고 있었고 실제로 한국 대중문화에 많은 영향을 미쳤다. 따라서 일본 대중문화 콘텐츠를 소비한다는 것은 남들보다 앞선 콘텐츠를 소비한다는 만족감을 줄 수 있었다. 누가 뭐래도 당시 일본 대중문화는 아시아 콘텐츠 시장을 이끄는 위치였다.

그러나 약 30년이 지난 현재 세계 대중문화의 지도는 완전히 달라졌다. 미국과 유럽 콘텐츠는 여전히 강한 영향력을 가지고 있지만 과거처럼 독보적인 수준은 아니다. 일본 또한 독자적인 매력을 가지고는 있으나 아시아를 대표하는 콘텐츠 생산국이라고 하기는 어려워졌다. 그 사이 중국은 '틱톡'을 바탕으로 '숏폼 강국'으로 올라섰다. 그리고 이제는 세계 어디에서나 인정하듯 한국은 문화 콘텐츠 강국이 됐다. 전통적인 콘텐츠 강국의 철옹성은 허물어졌고 신흥 강국들의 등장을 한국이 이끌고 있다. 과거에 미국 팝송이나 일본의 J록을 듣는 것이 한국 젊은이들의 '힙한' 문화였다면 현재 외국인들에게는 한국 문화를 소비하고, 한국을 더 잘 아는 것이 트렌디하게 여겨진다.

「MKH」의 권순홍은 "예전엔 영어권 사람들은 그들의 언어가 아니면 그냥 치워버렸어요. 그런데 OTT 콘텐츠들이 그걸 바꿔줬잖아요. 그게 그대로 이어져서 지금 유튜브도 그렇게 (자막으로) 보고 있더라고요. 아직까진 유튜브 자막을 전문적으로 넣는 사람들이 많지 않기 때문에 조금은 장벽이 될 수 있어요. 하지만 자막만 잘 만들어준다면 그들도 보지 않을 이유가 없다고 생각해요. 수요는 훨씬 많이 늘어났으니까요."라고 말했다.

앞서 만났던 「잔나 코리아」의 잔나는 외국인들이 "한국어를 듣기 좋은 멜로디처럼 느낀다."라고 했다. 한국 대중문화가 세계인들에게 얼마나 매력적으로 인식되고 있는지 알 수 있는 말이다. 「올블랑TV」

의 여주엽 대표는 "K팝과 같은 스타일로 운동 콘텐츠를 만들면 어떨까라는 생각으로 기획했다."라고 설명하기도 했다.

유튜브 해외 이용자들이 한국 콘텐츠를 많이 시청하면 유튜브 알고리즘은 한국과 관련된 콘텐츠들을 더욱 많이 추천하게 된다. 이 책에서 소개한 「DKDKTV」와 같은 한국 콘텐츠 해설 콘텐츠나 리뷰 콘텐츠들은 해외 이용자들의 선택을 더 자주 받게 될 것이다.

자연스럽게 K크리에이터 콘텐츠의 소비는 늘어나고 크리에이터의 영향력이 강해지는 것을 의미한다. 여성이라면 「한나 코레아나」채널과 같은 한국식 메이크업이나 다이어트 등의 콘텐츠 소비로 이어질 것이고 육아를 하는 부모들이라면 「리월드」 또는 「파파네가족」과 같은 가족 콘텐츠를 보게 될 것이다. 이는 한국 문화를 더 가깝게 느끼는 계기가 되고 한국의 국가 브랜드 이미지를 높이는 선순환으로 이어질 것이다.

한동안 크리에이터들의 주무대가 유튜브일 것이라는 전망이 지배적이다. 하지만 만약 다른 콘텐츠 플랫폼이 등장한다고 해도 이 같은 연결 고리는 유지될 것이다. 모든 플랫폼의 목적은 이용자들이 이탈하지 않고 자신의 플랫폼에 머물도록 하는 것이다. 이용자 최적화 알고리즘은 현재의 유튜브 알고리즘과 유사하게 적용될 수밖에 없다. 따라서 한국이 세계 대중문화 콘텐츠 시장의 한 축으로 올라선 이상 K크리에이터들에게 기회의 문은 계속해서 열려 있을 것이라는 전망이 가능하다. K크리에이터는 K콘텐츠의 부상과 함께 또 다른 영역에서 세계 콘텐츠 시장의 중요한 집단으로 떠오를 것이다.

국내 크리에이터들 중 일찍부터 해외에서 인기를 끌었던 이들 중에는 제이플라 Fla와 같은 커버곡 크리에이터들이 많다. 아무래도 감성을 표현하는 한국인의 장점과 무관하지 않을 것이다. 제이플라는 2018년 11월 16일에 구독자 수 1,000만 명을 넘겼다. 한국 1인 크리에이터 가운데 최초이다. (출처: 필뮤직)

K크리에이터는 전 세계에서도 눈에 띈다

● ● ●

이와 같은 상황에서 K크리에이터들에게서 눈에 띄는 특이점은 무엇일까. 해외 시청자들이 바라보는 K크리에이터의 정체성은 한국인이다. 한국인이라는 정체성이 곧 K크리에이터의 첫 번째 개성이 되는 것이다.

「미기TV」 채널을 운영하는 미기는 한국인들이야말로 콘텐츠에 가장 적합한 민족성을 가지고 있다고 말했다. "한국인들을 흔히 '흥의 민족'이라고 부르잖아요. 외국 시청자들의 반응을 보면 그 '흥의 민족'이라는 게 우리끼리 하는 얘기가 아닌 것 같아요. 우리는 흥도 많고 재능도 다양하고 정말 뜨거운 사람들이죠. 분명히 매력적인 에너지를 갖고 있는 민족이에요. 그래서 K팝이나 우리 문화에 사람들이 끌려오는 거죠. 기본적으로 가진 이런 성향 자체가 우리에게 굉장히 유리한 조건이라고 생각해요."

한국의 민족성을 얘기할 때 '흥의 민족'은 빠지지 않는 말이다. 오랜 말로 '한의 민족'이라는 것도 감성적인 부분이 부각된 표현이다. 2002년 월드컵 당시 세계가 놀란 광장 응원은 한국인들의 넘치는 에너지를 보여준 사례다. 흥겨움과 열정을 표출할 줄 아는 이들이 바로 한국인들이다. 이는 크리에이터들에게 큰 장점이다. 화면 너머 시청자들에게까지 감성을 전달할 수 있어야 시청자들도 크리에이터에게 매력을 느낀다. 국내 크리에이터들 중 일찍부터 해외에서 인기를 끌었던 이들 중에는 제이플라J Fla와 같은 커버곡 크리에이터들이 많다. 아무래도 감성 표현에 있어 한국인이 가지는 장점과 무관하지 않을 것이다.

K크리에이터의 두 번째 특성은 모임 문화다. 한국 사회를 두고 소통 부재와 집단 단절을 사회 문제로 지적한다. 하지만 친밀한 사람들 사이의 소통은 어느 사회보다도 활발하다. 한국인들은 모임을 만들고 그 안에서 친밀한 관계를 맺는 데 능숙하다. 노래를 부를 때도 들어주는 집단이 있는 노래방 문화가 익숙하고 온라인으로 연결할 수 있음에도 모여서 게임을 즐기는 PC방을 선호한다.

이 같은 모임 문화의 사례로 꼽을 수 있는 것이 스타들의 팬덤이 마련하는 '생일 카페'다. 생일 카페는 스타의 생일에 맞춰 팬들이 카페를 대여해 특별한 공간을 마련하는 것을 말한다. 생일 카페에서는 스타의 사진을 전시하고 관련 영상을 상영한다. 스타와 관련된 굿즈들을 판매하거나 나누기도 한다. 생일이 아니더라도 데뷔일이나 중요 작품의 개봉일 등을 기념하기 위해서도 열린다. 팬들은 카페에 모여 자신들의 '팬심FAN心'을 나눈다. 스타가 직접 생일 카페를 찾아 인증샷을 남기면서 팬들과 소통하기도 한다. 한국 가수나 배우들의 생일 카페에 오기 위해 해외 팬들이 여행을 오고 스타의 팬이 아니더라도 한국 문화에 관심 있는 외국인들이 여행 중에 들러보기 한다. 생일 카페는 한국적인 팬 문화다. 최근에는 스타 크리에이터들의 생일 카페도 열린다.

이 같은 생일 카페 문화는 어디서 왔을까? 한국인들만의 모임 문화라고밖에 설명할 수 없다. 취향을 중심으로 커뮤니티를 형성하고 단순히 온라인에서의 소통을 넘어 직접 행동으로 표현하는 것에 익숙한 한국인의 특성을 보여주는 사례다. MZ세대를 개인주의적이라고 한다. 하지만 이들은 이전 세대와 다른 생일 카페와 같은 방식으로 모임을 만들어낸다.

대개의 커뮤니티는 스타를 구심점으로 해서 결속하고 그 스타를 중심으로 취향을 공유한다. 그래서 크리에이터는 비슷한 취향을 가진 이들을 하나로 묶어주는 구심점 역할을 하면서 이들과 함께 성장해나가야 한다. 한국인들에게는 이것이 자연스럽다. 이 같은 문화를 배경으로 한 K크리에이터들은 해외에서도 팬덤의 중심이 될 것이다.

물론 크리에이터로서 해외 팬들과 소통할 때는 한국적인 정서만으로 접근해선 안 된다. 상대 문화에 대한 존중과 배려가 필수적이다. 타깃으로 하는 국가의 특성과 전통을 이해하는 노력이 필요하고 글로벌 스탠더드 수준의 인권 감수성도 갖춰야 한다. 이 같은 노력이 전제된다면 타인과의 친밀한 소통을 두려워하거나 어렵게 여기지 않는 한국 문화는 K크리에이터의 큰 경쟁력이 될 것이다.

K크리에이터의 한국인다운 세 번째 장점은 열정이다. 앞서 언급된 '에너지가 넘치는 민족'이라는 얘기와 유사하지만 기질적으로 나오는 에너지와는 조금 다른 의미의 열정이다. 치열한 경쟁이 익숙한 사회를 겪으며 다져진 성향이다. 인구 대비 유튜버가 가장 많은 나라이기에 그 안에서도 치열한 경쟁을 하면서 K크리에이터들의 콘텐츠는 상향 평준화됐다.

인터뷰로 만난 크리에이터들 대부분은 한국 크리에이터의 경쟁력을 묻는 질문에 "한국만큼 노력하는 나라가 없다."라고 답했다. 「파파네가족」의 임재승은 다음과 같이 말했다. "외국 영상들을 보는 분들이라면 아실 거예요. 한국보다 편집을 훨씬 간단하게 해요. 우리는 재밌게 만들려고 다들 엄청나게 애를 쓰죠. 촬영이나 편집을 거의 TV 예능 수준으로 하는 분들도 많잖아요. 국내 유튜버들 사이에서 경쟁이 치열해져서 그런 건데요. 그런 환경 자체가 (세계적으로는) 경쟁력이 되는 게 아닐까 싶어요."

세계에 한국식 발음으로 'mukbang'이라는 말을 유행시킨 '먹방'은 K크리에이터들의 남다른 열정을 보여주는 대표적인 사례다. 음식을 먹는 모습을 영상으로 담은 콘텐츠는 이전에도 많았지만 한국식 먹방은 단순히 음식을 맛있게 많이 먹는 것에 그치지 않았다. 맛있게 먹는 모습을 담기 위해 최적의 조명과 촬영 기기를 준비하고 크리에이터와 음식이 잘 보이는 촬영 각도를 개발했다. 또 음식을 먹는 소리를 살려 시청자의 식욕을 자극했다.

몇 접시 먹었을까요?😋 1300원 회전초밥 먹방

SUB[광고]60계 치킨 더매운고추치킨 순살 까르보 불닭볶음면 먹방! 치즈볼까지 리얼사...

대표적인 먹방 유튜브 쯔양과 문복희. 세계에 한국식 발음으로 'mukbang'이라는 말을 유행시킨 '먹방'은 K크리에이터들의 남다른 열정을 보여주는 대표적인 사례. 한국식 먹방을 CNN은 2016년 10월에 '새로운 형식의 사회적 식사social eating'이라고 소개하기도 했다. (출처: 유튜브 캡처)

화면에 대한 노력도 있었지만 K크리에이터의 먹방이 가진 가장 큰 특징은 대화다. 크리에이터는 음식을 먹으면서도 댓글을 보며 대화하고 영상을 보고 있을 시청자에게 계속해서 말을 건다. 자신만의 맛있게 먹는 법을 공유하기도 하고 시청자들의 아이디어를 받아 그 방법대로 먹는 모습을 보여주며 소통한다. 일상적인 잡담을 나누기도 하며 고민상담도 이뤄진다. 이 같은 한국식 먹방을 CNN은 2016년 10월에 '새로운 형식의 사회적 식사social eating'라고 소개하기도 했다.

이 같은 한국인들의 열정은 개인의 노력에만 그치지 않는다. 그 열정 넘치는 크리에이터들을 위해 한국은 다양한 기관에서 적극적으로 지원하고 있다. 서울경제진흥원, 한국경제진흥원, 경기콘텐츠진흥원 등에서 영상 제작 교육을 지원받아 촬영과 편집을 배워서 활동하는 크리에이터들이 상당히 많다. 각 지역자치단체들도 지역 내 크리에이터를 발굴하고자 다양한 형태로 교육과 지원 사업을 펼친다. 서울시와 서울경제진흥원이 함께하는 '크리에이티브 포스'도 크리에이터를 육성하고 지원하는 사업이다. 세계적으로 개인 크리에이터들을 이처럼 여러 곳에서 폭넓게 지원하는 나라는 없다. 이 같은 환경은 열정적인 한국의 크리에이터들이 활동을 이어나가며 더 수준 높은 콘텐츠를 만들 수 있는 배경이 된다.

"뭐든 시작했으면 끝을 봐야 한다."라는 조언이 익숙한 한국인들이다. 전에 없던 크리에이터 산업에 뛰어들면서 '끝을 보자.'라는 마음가짐 없이 시작하는 크리에이터는 없을 것이다. 오롯이 혼자 전면에 나서 자기 자신이 직접 콘텐츠가 되어야 하는 크리에이터는 다른 누군가의 능력에 기댈 수 없다. 치열한 국내 경쟁에서 살아남아 해외까지 진출하는 K크리에이터들이라면 세계 크리에이터 콘텐츠 시장에서도 경쟁력이 있으리라 확신한다.

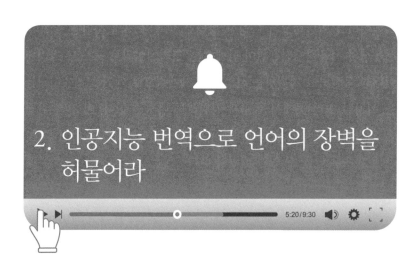

인공지능이 K크리에이터의 글로벌 진출을 돕는다

●●●

　인공지능의 발전은 크리에이터들의 콘텐츠 제작 환경을 바꿀 것이다. 앞서 생성형 인공지능으로 만든 콘텐츠는 인간의 매력이 중심인 크리에이터 콘텐츠의 영역을 침범하기 어려울 것이라고 예상했다. 하지만 제작 과정에는 인공지능을 활용할 가치가 있다. 특히 인공지능 번역 기술은 K크리에이터의 글로벌 진출에 큰 도움이 될 것이다.

　아무리 한국어가 세계적으로 매력적인 언어로 받아들여진다고 해도 한국어 콘텐츠가 가진 언어적인 장벽은 존재한다. 비교적 사용자 수가 적은 언어인 것은 사실이다. 그러나 이 같은 언어 문제는 비단 한국어 콘텐츠에만 있는 것은 아니다. 하물며 영어조차도 세계 시장

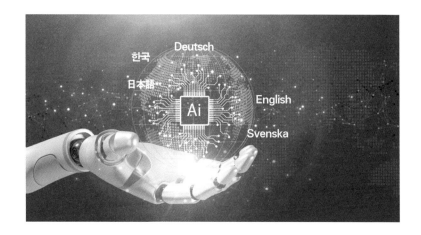

으로 보면 닿지 못 하는 지역이 상당하다. 온라인으로 세계가 연결되면서 국경을 넘어 자유롭게 콘텐츠를 소비할 수 있게 됐지만 언어 한계는 있다.

빠르게 발전하는 인공지능 번역 기술은 이를 해결해 줄 수 있을 것으로 기대된다. 생성형 인공지능의 언어 구사 능력은 세상이 놀랄 만큼 진보했고 지금도 더 인간의 말투에 가깝게 다가서고 있다. 인공지능 번역이 더 발달한다면 각 언어를 사용하는 문화권에 적합한 용어와 호칭까지 이해해 문장을 완성할 것이다. 이에 더해 해당 언어에 맞는 인공지능 더빙을 이용하면 자막을 읽는 수고까지도 없앨 수 있다. 한국어 사용자 수가 적다는 약점을 극복하고 K크리에이터들이 세계로 뻗어나갈 수 있는 큰 길이 열리는 셈이다.

인공지능 번역을 적용한 K크리에이터 콘텐츠를 상상해보자. 콘텐츠를 시청하는 지역의 언어에 맞게 자막이 표시되고 크리에이터가 라이브 질의응답Q&A을 진행하면서도 실시간으로 댓글이 번역되어 해외 팬들과 소통이 가능할 것이다. 춤이나 음악과 같은 비언어적 콘텐츠 외에 전문적인 지식 콘텐츠도 해외 시청자들이 어려움 없이 볼 수 있다. 자막을 읽기엔 짧은 숏폼 콘텐츠라면 인공지능 더빙을 활용해 내용을 전달할 수 있다. 현재의 자동 번역 기술로는 정확한 의미가 전달되지 않는 한국적인 표현들도 대상 국가에 맞게 번역되어 표시될 것이다.

이렇게 인공지능 번역은 콘텐츠 제작 과정에서도 언어의 장벽을 허물 것이다. 해외 자료를 참고해야 하는 상황이나 해외 트렌드를 파악해야 하는 상황에서 작업에 드는 시간이 줄고 그만큼 콘텐츠 제작에 더 집중할 수 있다. 챗GPT로 확인된 것처럼 인공지능과 대화하며 해외 트렌드를 파악하고 아이디어를 떠올리는 것도 가능하다. 콘텐츠를 만들고 시청자들과 소통하는 것은 결국 크리에이터의 몫이지만 이 과정에 걸림돌이 됐던 언어 문제는 인공지능 기술로 해결된다는 뜻이다.

이제까지 살펴봤듯 K크리에이터들의 콘텐츠 경쟁력은 이미 세계로 나아갈 준비가 되어 있다. 자신의 외국어 능력으로 해외 팬덤을 구축한 크리에이터들도 있다. 인공지능 기술의 발달은 더 많은 K크리에이터들의 해외 진출을 도울 것이다. 이미 해외 팬덤이 있는 K크리에이터들에게는 더 많은 나라까지 영향력을 뻗칠 수 있는 길을 열어줄 것이다.

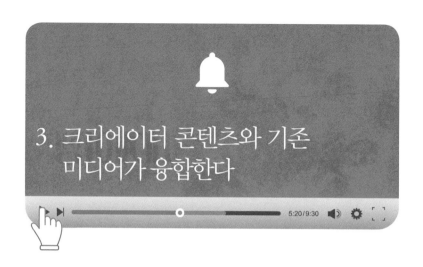

3. 크리에이터 콘텐츠와 기존 미디어가 융합한다

기존에 없었던 새로운 예능 프로그램을 만들다

● ● ●

전통적인 미디어도 K크리에이터의 방식과 융합하며 달라지고 있다. MBC「무한도전」으로 유명한 김태호 PD는 자신이 설립한 제작 스튜디오에서 크리에이터 콘텐츠를 적극적으로 활용한 프로그램을 제작했다. 2023년 2월 ENA에서 방영하여 시즌 2까지 이어진「지구마불 세계여행」이다.「지구마불 세계여행」에는 인기 여행 크리에이터인 빠니보틀, 곽튜브, 원지가 출연한다. 이들이 직접 여행을 하며 콘텐츠를 촬영하고 콘텐츠 조회수 합계를 따져 경쟁하는 것이 프로그램의 기본 포맷이다. 여행지는 주사위를 던져 결정하다 보니 다음 콘텐츠를 미리 계획할 수 없어 현장에서의 순발력이 중요했다.

「지구마불 세계여행」에는 인기 여행 크리에이터인 빠니보틀, 곽튜브, 원지가 출연한다. 이들이 직접 여행을 하며 콘텐츠를 촬영하고 콘텐츠 조회수 합계를 따져 경쟁하는 것이 프로그램의 기본 포맷이다. (출처: 유튜브 캡처)

JTBC「톡파원 25시」도 크리에이터 콘텐츠의 형식을 차용한 프로그램이다. 이 프로그램은 세계 여러 나라에 거주하는 교민이나 유학생 등이 '톡파원'으로 현지 영상을 소개하는 것이 주된 내용이다. (출처: 유튜브 캡처)

이 프로그램은 기존 TV 예능 프로그램과 크리에이터 콘텐츠를 융합해 새로운 형식을 만들었다는 점에서 주목할 만하다. 과거 유튜브 콘텐츠를 일부 활용하거나 크리에이터를 출연자로 섭외하는 수준을 넘어 크리에이터 콘텐츠 자체를 TV 프로그램으로 옮긴 시도였기 때문이다. 조회수로 경쟁한다는 규칙까지도 크리에이터의 문화를 그대로 가져왔다. 세 명의 크리에이터는 기존 여행 프로그램에서 볼 수 없는, 각자 자신만의 개성을 보여주며 프로그램의 인기를 견인했다. 시청자들은 TV에서 자신이 좋아하는 크리에이터와 연예인들이 여행 얘기를 나누는 것을 보고 또 각 크리에이터의 채널을 찾아가 크리에이터만의 콘텐츠를 다시 소비했다.

2022년부터 방영되고 있는 JTBC 「톡파원 25시」도 크리에이터 콘텐츠의 형식을 차용한 프로그램이다. 이 프로그램은 세계 여러 나라에 거주하는 교민이나 유학생 등이 '톡파원'으로 현지 영상을 소개하는 것이 주된 내용이다. 여기서 주목할 만한 부분은 '톡파원'들이 보내오는 영상이다. 현지에서의 일상이나 여행지를 소개하는 그 영상들은 크리에이터들의 일상 브이로그나 여행 콘텐츠들과 다르지 않다. 현지에서 거주하는 이들이기에 전문 여행가나 해당 국가를 연구하는 학자들보다 일상적이고 개인적인 시각으로 접근한다.

크리에이터가 TV 방송 프로그램에도 출연한다
● ● ●

크리에이터들은 방송 출연자 섭외에 새로운 포지션이기도 하다. 교수나 연구원처럼 특정 분야의 정통한 전문가보다는 시청자들에게 가까운 이미지이면서 해당 분야를 전혀 모르는 일반 방송인들보다는 앞서 있는 집단이 크리에이터들이다. 유명 연예인들보다 일반 시청자들과의 심리적인 거리감이 가까우면서도 특별한 개성을 가지고 있다. 크리에이터들은 각자의 재능 또는 자신만의 분야를 가지고 활동하는 이들이기에 어느 정도의 전문성도 보장된다.

만약 자동차를 다루는 프로그램을 만든다고 생각해보자. 필요한 내용에 따라 전문 엔지니어, 디자이너, 관련 학과의 교수 등을 섭외할 것이다. 이들은 전문성과 신뢰도가 높지만 대중에게는 거리감이 있을 수밖에 없다. 그러나 여기에 자동차 분야 크리에이터를 함께 섭외한다면 어떨까? 그는 자동차에 관심 있는 이들이 궁금해하는 부분을 정확히 짚어줄 것이다. 전문가의 설명을 대중의 언어로 해석해주는 역할도 기대할 수 있다. 동시에 그 크리에이터의 팬들을 방송 시청자로 끌어들이는 장점도 있다.

이러한 시도는 더욱 다양한 분야에서 많아질 것이다. 이는 결코 TV 프로그램이 크리에이터 콘텐츠를 따라간다거나 크리에이터들이 TV를 비롯한 기존 매체에 흡수되어갈 것이라는 뜻이 아니다. 크리에이터 콘텐츠는 독자적인 분야로 자리를 잡았다. 그 크리에이터 콘텐츠만의 매력을 기존 미디어들이 차용하고 크리에이터들과 협업하면서 새로운 콘텐츠를 만들어낼 것으로 기대된다.

미디어 이론가 마셜 맥루한Marshall Mcluhan은 저서 『미디어의 이해』에서 '새로운 미디어는 낡은 것에 추가되는 것이 아니고 또한 오래된 것을 평화롭게 내버려두지도 않는다. 새로운 미디어는 낡은 미디어들이 새로운 형태나 위치를 찾을 때까지 압박을 멈추지 않는다.'라고

마셜 맥루한은 "새로운 미디어는 낡은 미디어들이 새로운 형태나 위치를 찾을 때까지 압박을 멈추지 않는다."라고 했다. (출처: 위키피디아)

적었다.[1] 1964년에 쓴 맥루한의 이 분석은 현재도 유효하다. 라디오는 인터넷 화면으로 진행자와 출연자의 모습을 실시간으로 보여주는 서비스를 시작한 지 오래다. 일부 TV 프로그램은 '남은 이야기는 유튜브에서 보실 수 있습니다.'라는 공지로 방송을 마치기도 한다. 시간에 정확히 맞춰야 하는 편집의 제약을 줄이면서 동시에 자사 유튜브 채널 유입을 늘리려는 것이다. 리뷰 크리에이터들에게 의뢰해 새로 시작하는 드라마나 개봉 예정 영화를 홍보하는 것은 이제 필수적인 절차가 됐다.

대중이 크리에이터 콘텐츠를 적극적으로 소비한다는 것이 확실해졌다. 기존 미디어들의 변화는 불가피하다. 더욱이 K크리에이터가 세계로 그 활동 범위를 넓혀나가기 시작한 현재 기존 미디어는 크리에이터들과 어떻게 함께할지를 고민해야 한다.

4. K크리에이터가 K기업의 글로벌
진출을 돕는다

5:20/9:30

크리에이터의 팬을 겨냥한 마케팅은 해외에서도 유효하다

●●●

다른 산업들로 눈을 돌려보자. K크리에이터들의 국제적인 부상은
일반 기업들의 해외 진출에 좋은 기회를 제공할 것이다. 우리가 만난
크리에이터들이 주된 수익 모델로 기관 또는 기업의 협찬 콘텐츠를
꼽은 것을 기억하자. 크리에이터와의 협업은 홍보 마케팅의 중요한
수단 중 하나로 자리 잡았다. 글로벌 K크리에이터의 부상은 이를 해
외 시장에까지 적용할 수 있는 기회다.

'마케팅의 아버지'로 불리는 경영사상가 필립 코틀러Philip Kotler는
콘텐츠의 생산과 소비가 갈수록 활발해지는 온라인 환경에서의 브
랜딩에 대해 이렇게 설명했다. "감정적이면서 상호 이익이 되는 관

계를 토대로 기하급수적으로 성장하는 네티즌 커뮤니티는 브랜드의 감정 점유율을 확대하는 데 핵심적인 열쇠다. 공공연하게 입소문을 퍼뜨리고자 할 때 네티즌은 탁월한 능력을 발휘한다. 브랜드의 메시지가 네티즌의 승인을 받는다면 사회적 연결망을 통해서 널리 퍼질 것이다."[2]

필립 코틀러가 쓴 것처럼 기업들에게는 온라인 커뮤니티에 브랜드의 메시지를 긍정적으로 전달할 수 있는 효율적인 방법이 필요하다. 이는 취향 집단을 구축하고 그 중심에서 메시지를 전파하는 크리에이터 활동과 정확히 일치한다! 각자의 분야를 가진 크리에이터들의 팬들은 그 분야에 관심이 많은 사람들일 수밖에 없다. K크리에이터들의 해외 팬들도 다르지 않다. 국가만 다를 뿐 관심사가 같은 이들이 팬 커뮤니티를 이룬다. 그 어떤 마케팅 채널보다도 정확한 타깃팅이 가능하다는 의미다.

K크리에이터의 해외 팬들은 한국에 호감을 가지고 있다는 점도 중요하다. 한국과 한국인에 긍정적인 이미지를 가지고 있는 팬들이기에 한국 브랜드에 대해서도 친숙하게 받아들일 것이다. 자신이 좋아하는 크리에이터와 협업하는 브랜드라는 것만으로도 감정적으로 응원하게 되고 해당 브랜드의 소비자가 된다.

다양한 마케팅과 홍보를 수행할 수 있다

● ● ●

K크리에이터와 협업해 해외 시장의 가능성을 점검해보는 일도 가능하다. 크리에이터가 국내 브랜드 서비스나 제품을 리뷰하는 콘텐

츠에 대한 해외 팬들의 반응을 살펴보면 막연한 현지 시장조사보다 정확한 예상을 할 수 있을 것이다. 커피를 다루는 K크리에이터의 해외 팬들만큼 현지 커피 시장을 정확히 반영하는 집단이 있을까? 뷰티 크리에이터의 해외 팬들보다 더 한국 화장품에 관심을 가진 집단이 있을까? 이것이 같은 관심사로 글로벌 팬들과 연결된 K크리에이터의 가치다.

이처럼 K크리에이터와 함께하면 K팝 스타를 출연시키는 광고가 아니라도 해외 소비자들에게 브랜드를 알릴 수 있고 본격적인 해외 진출 전에 시장을 알아볼 수 있다. 이로써 예산과 노동력 투자가 크게 줄어든다. 대기업만 가능한 것으로 여겨졌던 해외 소비자를 향한 직접 마케팅을 중소기업도 할 수 있는 길이 열린 것이다. K크리에이터 콘텐츠는 세계로 '나가는' 것뿐 아니라 '불러들이는' 데도 좋은 연결 고리다. K크리에이터를 통해 한국에 방문할 만한 이유들을 보여준다면 거창한 광고보다 관광객 유치에 더 효과적인 콘텐츠가 될 수 있다.

외식사업가 백종원은 '예산 전통시장 살리기' 프로젝트의 일환으로 예산군 삽교시장 곱창거리를 컨설팅하면서 '유튜버 초청 시식회'를 열었다. 이 시식회에는 '히밥' '맛상무' '나름(나름TV)' 등 인기 먹방 크리에이터들이 초대됐다. 백종원은 초청한 크리에이터들을 찾아다니며 반응을 살피는 모습으로 콘텐츠에 얼굴을 비쳤다(백종원 대표의 출연은 콘텐츠의 화제성에 도움이 됐을 것이다).

인플루언서 초청 행사가 특별한 것은 아니다. 특히 테크 분야에서 신제품을 발표할 때는 거의 빠지지 않는 홍보 방법이다. 크리에이터를 협찬해 매장이나 지역 홍보 콘텐츠를 만드는 것도 흔한 일이다. 이 행사가 조금 달랐던 것은 다수의 유명 크리에이터들을 한 자리에 모으고 음식만 제공할 뿐 자유롭게 콘텐츠를 제작하도록 했다는 점이다. 크리에이터들은 각자의 개성대로 콘텐츠를 제작했고 같은 음식이었지만 다양한 느낌의 먹방 콘텐츠들이 나왔다.

한국식 먹방은 해외에서도 유명한 콘텐츠다. 곱창거리 시식회에 참석했던 유명 먹방 크리에이터들의 콘텐츠가 업로드된 뒤 한국어 댓글들과 함께 해외 시청자들의 외국어 댓글들도 달렸다. 해외 시청자들은 이곳이 어디냐고 관심을 보이기도 하고 "좋아하는 먹방 유튜버들이 함께 나왔다."라며 반기기도 했다.

분명 이 행사는 해외 시청자를 타깃으로 하진 않았을 것이다. 그럼에도 이처럼 해외 시청자들이 반응을 보이는 모습에서 K크리에이터들의 영향력을 가늠할 수 있다. 만약 처음부터 외국인 시청자를 대상으로 K크리에이터들과 함께 콘텐츠를 만든다면 어떨까? 우리가 만났던 「잔나코리아」「DKDKTV」「MKH」 등 채널의 크리에이터들이 해외 시청자들에게 맞춰 함께 콘텐츠를 제작한다면 충분히 관심을 끌 수 있을 것이다.

K크리에이터가 해외 홍보에 더 효과적이다

●●●

어느 기관에서 외국인 관광객 유치 목적으로 유명 외국인 크리에이터를 섭외해 콘텐츠를 제작한 걸 본 적이 있다. 문제는 그 외국인 크리에이터가 국내에서 한국인을 대상으로 활동하는 한국어를 능숙하게 구사해서 인기 있는 크리에이터였다는 점이다. 그 홍보 콘텐츠에서 외국어를 사용한다고 해도 소용없다. 이미 섭외 방향부터 틀렸기 때문이다. 그 외국인 크리에이터의 팬들은 한국인들일 테니 말이다.

우리에겐 해외에 팬들이 있는 K크리에이터들이 있다. 국내에 거주하며 자신의 모국인들을 대상으로 활동하는 해외 출신 K크리에이터들도 있다. 한국의 다양한 모습을 해외에 알리는 콘텐츠에 K크리에이터들만큼 적합한 이들은 없다. 그 콘텐츠들이 세계 곳곳의 누군가에게는 한국을 방문할 이유가 될 것이다.

기업의 해외 진출, 한국의 국가 브랜딩, 해외 방문객 유치 등 몇 가지만 살펴봐도 가까운 미래에 기대되는 K크리에이터의 경제적 가치는 지금으로선 가늠하기 어려울 만큼 크다. K크리에이터의 활약에 힘입어 국내의 좋은 기업들이 해외 시장에서 기회를 잡을 수 있길 기대한다.

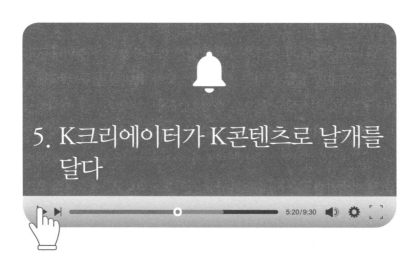

5. K크리에이터가 K콘텐츠로 날개를 달다

K콘텐츠와 K크리에이터는 상호보완적인 관계다

●●●

K팝, 드라마, 영화 등 한국 대중문화의 인기는 지속될 수 있을까? 대중이 느끼는 새로움이나 신선함이 약해지면 K콘텐츠들의 인기가 지금처럼 계속 오르지 못할 수 있다는 우려도 일부에선 나온다. 영미권 문화 콘텐츠들과 다른 생소함이 K콘텐츠가 주목받은 이유였다는 해석이 전제된 생각일 것이다. 실제로 대중음악은 K팝 아이돌 위주이고, 해외에서 인기 있는 드라마는 「오징어 게임」이나 「지금 우리 학교는」처럼 어둡고 폭력성이 짙은 작품이 많아서 다양성이 부족해 보이기도 한다. 한정된 장르가 반복된다면 대중은 흥미를 잃을 것이 뻔하다. '한국 콘텐츠는 새롭다.'에서 '한국 콘텐츠는 똑같다.'로 평가

가 바뀌는 것이다. 생소함의 유효기간은 짧다.

그러나 K콘텐츠의 인기가 그렇게 쉽게 꺼지지는 않을 것이다. K팝 아이돌 외에도 힙합·발라드 장르에도 'K'가 붙여질 만큼 해외에서 인기를 끌기 시작했고 트로트 또한 국내에서의 인기만큼 해외에서도 주목하고 있다. 드라마의 경우도 다양한 장르가 사랑받기 시작했다. 2022년 화제작인 「이상한 변호사 우영우」는 넷플릭스에 공개됐을 때 비영어권 TV시리즈 중 1위를 기록했고 2023년 넷플릭스 오리지널 드라마 「정신병동에도 아침이 와요」도 넷플릭스 자체 집계 '글로벌 톱10'에 들며 세계 시청자들의 사랑을 받았다. 두 시리즈 모두 장애를 따뜻한 시선으로 다룬 작품들이다. K콘텐츠는 이렇게 다양하게 확장되며 인기를 이어가고 있다.

글로벌 K크리에이터들의 부상은 이 같은 K콘텐츠 확장에 힘을 더할 것으로 기대된다. 대중 음악, 드라마, 영화 등을 다루는 K크리에이터들이 한국 콘텐츠들을 더 깊고 다양하게 즐길 수 있도록 안내할 것이기 때문이다. K팝과 K드라마의 팬들에게 한국 크리에이터들은 신뢰할 만한 전문가다. 현재도 해외 K팝 팬들은 「DKDKTV」 채널과 같은 콘텐츠를 보며 한국어 가사의 의미를 참고하고 한국에서의 K팝 이슈를 전해 듣는다.

대중문화를 다루는 크리에이터가 아니더라도 K콘텐츠와 교류 작용이 일어난다. 이 책에서 살펴봤듯 민감한 트렌드 분석은 크리에이터 활동의 기본 중 하나다. K크리에이터들은 자신의 해외 팬들을 위해 현지 트렌드를 살피고 그에 맞춰 콘텐츠를 기획한다. K팝이나 K드라마에서 자신의 분야와 연결될 만한 소재가 있다면 그것으로 콘

「DKDKTV」에서 BTS 관련 뉴스를 전하고 있다. (출처: 유튜브 캡처)

텐츠를 제작할 것이다. 음악 크리에이터는 K팝 멜로디를 편곡한 연주를 들려주고 요리 크리에이터는 드라마에 나온 음식을 소개하며 만드는 과정을 보여주는 식이다.

운동, 여행, 패션 등 어떤 분야라도 K콘텐츠와 연결할 수 없는 분야는 없다. 그렇게 만들어진 콘텐츠를 본 K크리에이터의 팬들은 해당 콘텐츠의 배경이 된 음악이나 드라마 원작에 관심을 가지게 된다.

더불어 유튜브 알고리즘은 분명히 이 순간을 놓치지 않고 K콘텐츠 관련 영상들을 그 팬에게 추천해주며 다른 콘텐츠들도 소비하게 만들 것이다.

K콘텐츠의 인기는 글로벌 K크리에이터가 등장할 수 있는 환경을 만들고, K크리에이터는 그 영향력으로 더 다양한 K콘텐츠를 알리고, 인기가 식지 않게 만든다. 이제 K크리에이터는 K팝의 인기에 편승하는 존재가 아니라 K콘텐츠 열풍을 더욱 강하게 일으키는 선순환의 한 주체다.

K크리에이터의 파도에 올라타야 한다
● ● ●

'글로벌 K크리에이터'는 다가올 미래가 아니다. 큰 파도는 이미 만들어졌다. K크리에이터는 과거의 한류 스타와는 다른 형태의 세계적인 인플루언서로 등장했다. 이제까지 살펴본 것처럼 한국의 크리에이터들은 채널 성장, 팬덤 구축, 수익화까지 성공적으로 이뤄냈다. 해외 시청자들을 타깃으로 활동하는 크리에이터들이 이미 K크리에이터의 글로벌화 가능성을 증명했다. SNS 플랫폼의 변화와 숏폼의 등장과 같은 변화에도 유연하게 적응해 활동 범위도 넓어졌다. 다양한 분야에서 크리에이터가 등장하고 있고 일부는 개인 크리에이터를 넘어 콘텐츠 사업체를 이끌고 있다. K크리에이터의 경쟁력은 유튜브가 주목하고 있을 정도다.

가수나 배우 등과 같이 작품을 통해 활동하는 것이 아닌, 자신 스스로가 곧 콘텐츠인 크리에이터가 해외에서 영향력을 갖는다는 것은 이제까지의 K컬처 흥행과는 다른 새로운 물결이 일어났음을 의미한다. 크리에이터와 팬의 관계는 연예인 팬덤보다 훨씬 밀접하다. 기존 K팝 팬덤보다 규모는 작더라도 그보다 더 친밀한 관계 속에서 세계 구석구석 뿌리깊게 영향력을 끼친다. K크리에이터가 세계에 큰 파도를 일으켰음은 부정할 수 없다.

파도는 앞으로 전진하며 바람을 타고 점점 더 커지게 마련이다. 글로벌 K크리에이터가 일으킨 이 거대한 파도 앞에서 선택지는 단 두 가지뿐이다. K크리에이터들과 함께 앞서갈 것인가, 그들의 뒤를 따라갈 것인가? 누군가는 K크리에이터들과 협업해 새로운 가치를 만들 수 있을 것이고 누군가는 K크리에이터의 활동을 보며 인사이트를 얻을 수도 있을 것이다. K크리에이터와 함께 해외 시장을 개척하는 기업들이 나오고 K크리에이터와 함께 신사업을 도모하는 창업가도 나올 것이다. K크리에이터들의 방식을 참고해 브랜드 콘텐츠를 활성화하는 기업도 늘어나길 기대한다.

K크리에이터의 파도에 올라타 앞서나가야 지금은 상상하지 못 하는 새로운 기회를 만날 수 있다. 그 기회의 순간에 이 책으로 K크리에이터들을 만난 당신이 함께할 수 있길 바란다.

2부

K크리에이터 성장 전략

5장
———

K크리에이터는
누구인가

● "끝까지 크리에이터로 살고 싶어요."

게임 유튜버이자 MCN기업 샌드박스 네트워크의 공동창립자인 도티가 2017년 '케이블 TV 방송대상 1인 크리에이터 부문'을 수상한 뒤 한 말이다. 도티가 말한 '크리에이터로 산다.'라는 말의 의미는 무엇일까. 샌드박스 네트워크에서 소속 크리에이터들의 이야기를 모은 책 『나는 유튜브 크리에이터를 꿈꾼다』에서는 크리에이터라는 직업에 대해 이렇게 설명한다.

"좋아하는 일을 하며 돈을 벌 수 있다면 이보다 행복한 일이 또 있을까? 크리에이터가 꿈의 직업이 될 수밖에 없는 이유다. 물론 아무 영상이나 올린다고 해서 모두 다 인기 크리에이터가 되는 것은 아니다. 내 콘텐츠만이 지닌 독창성과 매력이 있어야 한다. 그러기 위해

국내 대표적인 게임 크리에이터가 된 도티는 PD 지원을 위한 경력을 쌓으려는 목적으로 유튜브에 영상을 업로드하기 시작하면서 유튜버가 됐다. 2018년 1월 구독자 200만 명이 되는 순간. (출처: 도티 인스타그램)

가장 중요한 것은 자신이 좋아하는 일에서 시작하는 것. 좋아해야 기발한 아이디어가 떠오르고 좋아해야 지치지 않고 지속적으로 콘텐츠를 만들어낼 수 있다."[1]

　국내 대표적인 게임 크리에이터가 된 도티는 PD 지원을 위한 경력을 쌓으려는 목적으로 유튜브에 영상을 업로드하기 시작했다. 그러나 그가 자라면서 가졌던 다양한 관심사는 게임을 통한 소통에 강점으로 발휘됐고 인기를 얻으면서 전업 크리에이터로 자리 잡았다.

의도치 않은 계기였지만 좋아하는 일을 계속할 수 있는 방법을 찾은 것이다.

좋아하는 일을 하고자 크리에이터가 되는 경우는 외국 크리에이터 중에도 많이 찾아볼 수 있다. '세계에서 가장 유명한 퀼트 전문가'가 된 제니 도안Jenny Doan은 그중에서도 특별한 인물이다. 베이비부머 세대로 절대 젊지 않은 제니는 자녀들의 권유로 2008년부터 자신의 취미 생활을 영상으로 제작하기 시작했다. 자녀들은 어머니가 취미 생활을 계속하길 바라는 마음이었지만 제니는 유튜브를 접해본 적도 없는 평범한 할머니였다. 퀼팅의 기초를 알려주는 튜토리얼 영상을 찍는 경험은 제니에겐 낯선 것이었다.

소형 디지털카메라로 촬영한 초기 영상이 하나씩 쌓여가자 사람들은 인자하게 설명하는 제니의 영상에 반응하기 시작했다. 제니의 공방이자 퀼팅 매장인 미주리스타퀼트에는 영상을 보고 찾아오는 팬들이 몰렸고 2016년에는 퀼트 원단 기업 중 세계에서 가장 규모가 큰 기업으로 성장했다.[2] 좋아하는 일을 하고자 만든 영상에서 사람들은 인자하고 푸근한 크리에이터 개인의 매력을 발견했고 이것이 경쟁력이 되어 폭발적인 반응을 일으켰던 것이다.

좋아하는 일을 영상화하는 시도는 크리에이터가 되는 첫걸음이지만 그것만으로는 충분하지 않다. 경쟁력 있는 크리에이터라면 도티와 제니의 사례처럼 좋아하는 일을 사람들이 함께 좋아할 수 있게 만드는 개인의 매력을 가지고 있어야 한다.

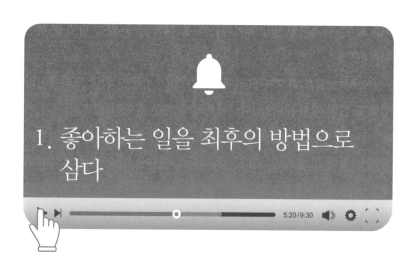

1. 좋아하는 일을 최후의 방법으로 삼다

좋아하는 일을 계속할 수 있는 방법으로 크리에이터라는 길이 제시된 것은 그리 오래된 일이 아니다. 국세청은 2019년 9월부터 크리에이터 업종 코드(940306, 921505)를 신설하며 크리에이터를 정식 직업으로 인정했다. 역으로 생각하면 그 이전까지는 크리에이터를 직업으로 보지 않았다는 얘기이기도 하다. 유튜브를 비롯한 영상 플랫폼에서 크리에이터에게 수익을 배분하고 그로 인해 성공한 크리에이터들이 화제가 된 뒤에야 좋아하는 일을 지속할 수 있는 방법으로 고려할 수 있게 됐다. 크리에이터의 가능성이 주목받기 전까지 누군가에게 인터넷 방송은 자신의 일을 이어갈 수 있는 최후의 방법일 때도 있었다.

미기는 유튜브에서 「미기TV」를 운영하는 가수 겸 작곡가, 음악 프로듀서이다.
(출처: 「미기TV」)

음악 활동을 계속하고 싶어서 유튜브를 시작하다

● ● ●

미기는 유튜브에서 「미기TV」를 운영하는 가수, 작곡가, 음악 프로듀서이다. 2009년부터 인터넷 방송을 시작했다. 뮤지션으로는 사실상 처음으로 인터넷 방송을 시작했다고 볼 수 있을 만큼 크리에이터로 오래 활동해 왔다. 2024년 4월 기준 유튜브 채널 구독자 약 34만 명과 소통하며 라이브 음악 방송을 진행하고 커버곡 영상을 올리고 있다.

미기가 처음부터 큰 기대나 비전을 가지고 크리에이터의 길로 들어선 것은 아니다. 인터넷 환경이 콘텐츠를 확산하는 혁신적인 채널이 되리라는 것은 예상했지만 자신이 주도적으로 크리에이터로서의 활동을 계획하지는 않았다. 음악 활동을 하기 전 미기는 평범한 직장인이었다. 대학교 졸업 시기에 남들처럼 취업을 준비하고 회사에 들어가 직장생활을 했다. 하지만 마음속에는 늘 음악에 대한 갈증이 있었고 고민 끝에 7개월 만에 사표를 냈다. 회사를 그만둔 뒤 부모님에게 이 사실을 털어놨다. 그때 아버지는 "너 10년 후에도 후회 안 할 자신 있어?"라고 물었다. 미기는 아버지가 말한 '10년'이라는 말이 자신이 어려웠던 순간에도 음악을 계속할 수 있도록 버티게 했다고 말했다. 문제는 10년이 채 되지 않아 음악 활동을 할 수 없는 상황에 부닥쳤다는 것이다.

"프로듀서로 고용되어 일하다가 우여곡절이 있었어요. 작업에만 집중하느라 몰랐는데 나중에 보니 제가 엄청난 빚을 떠안는 상황이 되어 있더라고요. 정말 모든 걸 다 날리고 기타 한 대 달랑 남았어요. 상처를 많이 받아서 음악 자체를 그만둬야 하나 생각할 정도였죠. 우울감에 빠져서 방 밖으로 나오지도 못했어요. 그러던 중에 한 선배가 연락해서 인터넷 방송을 같이하자고 하더라고요. 네가 음악 안 하면 뭘 하겠냐면서 말이죠."

여러 대의 기타와 라이브 방송을 위한 음향 장비로 가득한 작업실에서 미기는 당시를 떠올리며 '아무 판단도 제대로 할 수 없었던 시기'라고 돌아봤다. 다만 아버지와 약속한 10년의 기간만큼은 버텨내고 싶었다. 음악 활동을 이어갈 방법이 현실적으로 없었기에 선배의 제안대로 인터넷 방송을 준비했다. 미기에게 인터넷 방송을 제안했던 선배는 현재까지도 미기TV의 프로듀서로 함께하고 있다.

처음 시작할 때는 좋은 음향을 위한 장비는 꿈도 꿀 수 없었다. 촬영 장소도 없어서 선배가 운영하는 보컬학원에서 수업이 끝나기를 기다렸다가 방송을 연결했다. 캠코더, 노트북, 그리고 기타를 치며 노래할 수 있는 최소한의 음향 장비만을 세팅할 수 있었다. 어렵게 마련한 환경에서 처음에는 유튜브가 아니라 아프리카TV로 라이브 방송을 시작했다. 유튜브 채널은 2012년에 개설했다.

"인터넷으로 방송을 할 수 있다는 자체가 혁신이고 여기에 굉장한 가능성이 있다는 확신은 있었어요. 그런데 당시에는 인터넷 방송을 보는 사람들이 기대하는 게 지금처럼 다양하지 않았죠. 인터넷 방송으로 음악을 듣지는 않았어요. 특히 처음 시작했던 플랫폼에서는 더 그랬어요. 저는 이 혁신적인 시스템이 한정적인 콘텐츠로만 이용되는 게 오히려 아깝더라고요. 어찌됐든 제 콘텐츠는 음악이니까 음악 방송을 하겠다고 마음먹었어요. 사실 그때는 할 수 있는 게 인터넷 방송밖에 없기도 했고요."

좋은 장비가 좋은 콘텐츠를 만드는 것은 아니다
● ● ●

미기는 라이브 카페에서 일하며 조금씩 모은 돈으로 렌탈 작업실을 구했다. 보컬학원 공간을 빌려서 방송을 이어가기엔 학원 스케줄 때문에 방송을 못 하게 되는 상황이 잦았던 탓이다. 렌탈 작업실에 새롭게 음악 방송 시스템을 구축했지만 열악한 수준을 벗어나지는 못했다. 렌탈 작업실은 흔히 '뮤지션들의 고시원'이라고 불린다. 이러한 표현에서 알 수 있듯 창문도 없고 에어컨도 없는 지하 공간이었다. 아직 인터넷 방송으로 수익은 나지 않고 있었기에 불가피한 선택이었다.

앞으로 만날 여러 크리에이터도 처음부터 충분한 장비를 갖추고 시작하지 않았다. 시작한 뒤에도 상당 기간 크리에이터 활동을 통한 수익이 발생하지 않는 것 또한 당연하다. 그럼에도 크리에이터들이 활동을 이어갈 수 있는 동력은 자신이 좋아하는 일에 대한 치열함이다. 미기 또한 그랬다.

"어느 날 비가 와서 작업실에 물난리가 났어요. 컴퓨터나 전자 장비들은 운 좋게 살렸는데 물을 먹은 악기들은 버릴 수밖에 없었죠. 지하는 안 되겠다고 생각해서 지상에 있는 공간을 찾고 스튜디오 공사를 직접 다 했어요. 그게 지금 이 공간인데 아르바이트도 하고 라이브도 하면서 필사적으로 버텨낸 산물이죠. 그런데 제가 아는 크리에이터들을 보면 다들 비슷한 것 같아요. 집중력 있고 필사적이고 에너지가 있어요. 결과는 나중에 생각하더라도 지금의 상황에 전부 쏟아붓는 사람들이에요."

미기에게 고민이 된 부분은 현실적인 어려움보다 프로듀서에서 직접 노래를 부르는 플레이어가 되어야 한다는 것이었다. 라이브 방송을 준비하고 시청자들과 실시간으로 소통하는 일도 생소했다. 이 같은 어려움을 풀어나갈 수 있었던 데는 프로듀서로서의 경험이 큰 도움이 됐다. 전체 콘셉트를 구상하고 제작을 이끌었던 경험은 별도의 구성작가 없이 혼자 방송을 준비할 수 있는 역량이 됐고 뮤직비디오나 공연을 준비했던 경험은 영상 편집의 호흡을 이해할 수 있는 기초가 됐다. 또 여러 가수에게 다양한 장르의 음악을 매칭하면서 폭넓은 음악적인 이해를 갖추고 있었다.

그러다 보니 초기 2030세대를 대상으로 하는 발라드 음악 방송에서 4060세대에게 추억의 노래를 전해주는 현재의 콘셉트로 자연스럽게 바꿀 수 있었다. 전부터 가지고 있던 역량을 크리에이터 활동에 맞게 활용해 적응한 셈이다.

미기는 노래로 따뜻한 에너지를 전달하다

● ● ●

해오던 일, 좋아하는 일을 크리에이터가 된 뒤에도 지속하고 있다. 미기의 콘텐츠에서 사람들은 또 다른 강점을 발견하고 반응했다. 노래와 함께 전해지는 긍정적인 에너지다. 미기美氣(아름다울 미, 기운 기)라는 활동명 뜻 그대로 사람들에게 보여지고 있다.

"제 노래를 들으시든 제가 진행하는 프로그램을 보시든 어떤 에너지가 느껴진다는 얘기를 들어요. 방송을 보면 힘이 난다는 분들도 있고요. 저도 제 콘텐츠를 접하는 분들이 좋은 기운을 느끼면 좋겠다는 생각을 하는데요. 그런 부분이 전달되는 것 같아요. 아마 채널마다 분위기가 다르겠지만 저는 보시는 분들이 저와 하이파이브를 나누는 듯한 느낌을 받으시면 좋겠어요. 제 채널의 정체성이자 역할이 그런 거로 생각해요."

좋아하는 음악 활동을 이어가고자 한 치열한 노력, 음악 프로듀서로서의 경험을 살린 콘텐츠 역량, 그리고 이에 더해지는 크리에이터 개인의 에너지. 우리는 성공적인 크리에이터로 자리를 잡은 미기의 사례에서 크리에이터에게 필요한 기본적인 경쟁력을 다시 확인할 수 있다.

현재 미기는 4060세대에게 초점을 맞춘 음악 방송과 함께 라이브 공연 활동을 하고 있다. 라이브 공연장에 일본 팬들이 직접 찾아올 만큼 해외 팬들도 생겼다. 트로트로 대표되는 한국의 올드 팝이 크리에이터를 통해 해외에서까지 인기를 끌게 된 것이다.

"현재 1020세대 중심의 K팝이 굉장히 잘되고 있잖아요. 그런데 저는 올드-K팝도 해외에서 경쟁력이 있겠다는 생각이 들어요. 이미 K팝의 영향으로 우리 말에 관심이 높아져서 한국어 노래라는 것만으로 호감을 느끼는 사람도 있거든요. 우리나라 기성세대들이 가진 감성을 같은 세대의 외국인들도 느낄 것 같아요. 실제로 제가 일본어나 영어로 방송 중에 소통해보면 좋아하시는 분들이 있고요. 그런 외국인들을 위한 콘텐츠를 제공하는 것도 계속해보려 합니다."

미기는 유튜브 크리에이터로 많은 역주행 곡을 탄생시켰다. 이제 주변에서 선배 가수들이 자신의 곡을 불러달라는 요청까지 받는다. 기타와 마이크 등의 장비는 협찬을 받는다. 좋아하는 음악 활동을 이어가려 시도한 어쩔 수 없는 선택이었던 첫 시작과 비교하면 사뭇 달라진 환경이다. 미기는 이제 자신의 엔터테인먼트 회사를 세워 다양한 아티스트들과 함께 활동할 준비를 하고 있다. 자신의 경험을 돌아보며 크리에이터가 되는 데는 '자기 관찰'이 중요하다고 조언했다.

"과거에는 나를 보여줄 수 있는 채널이 많지 않으니까 수동적으로 콘텐츠를 볼 수밖에 없었잖아요. 이제야 세상이 이렇게나 다양했구나를 깨달아가는 시대가 됐다고 생각해요. 내가 좋아하는 걸 소신 있게 하면 그 다양한 개성들을 인정받고 또 다양한 사람들이 서로 응원하게 되지 않을까요? 그러려면 자신이 무엇을 좋아하는지, 무엇을 잘하는지 정확히 알아야겠죠."

2. SNS 콘텐츠 창작자에서 유튜버가
되다

커서 유튜버가 될래요

●●●

유튜브는 크리에이터라는 직업을 사회적으로 안착시키는 데 결정적인 역할을 했다. 일반인들 누구나 영상을 만들어 확산시킬 수 있는 기능적인 역할도 있었지만 수익을 분배함으로써 소득이 가능하다는 것을 확인시켜준 산업적인 역할이 중요했다. 국내 어린이들을 대상으로 한 설문조사에서 유튜버는 희망하는 직업으로 최근 몇 년간 꾸준히 3위 안에 이름을 올리고 있다.

중국 전문 크리에이터 콘텐츠 플랫폼 아도바_{adoba}의 대표이사인 안준한은 "이제 어린이들은 '텔레비전에 내가 나왔으면'이 아니라 '유튜브에 내가 나왔으면'을 더욱 희망하고 있는 셈이다."라고 설명하기도 했다. 그는 이 같은 내용을 다루는 기사나 설문조사에서 크리에이터가 아니라 유튜버라는 표현을 쓴다는 점에 주목했다. 유튜브가 크리에이터를 영향력 있는 직업으로 성장시켰기에 언젠가부터 일상에서도 유튜브라는 고유명사가 보통명사처럼 사용되고 있다는 것이다.[3] 실제로는 크리에이터가 더 넓은 의미이지만 현재도 크리에이터와 유튜버는 유사한 의미로 사용되고 있다.

크리에이터가 유튜버로 대표되기 시작한 시기에 SNS 콘텐츠 창작자들도 다수 등장했다. 카드뉴스나 숏폼 영상 등은 페이스북에서 주로 공유되던 콘텐츠 형식이었다. 트위터로 시작된 SNS붐은 페이스북으로 이어졌고 뒤이어 인스타그램이 인기를 끌었다. 특히 페이스북은 텍스트, 이미지, 영상을 모두 편리하게 공유할 수 있었기에 다양한 콘텐츠 시도가 가능했다. 기업들은 앞다투어 페이스북 페이지를 개설했고 경쟁적으로 페이스북 사용자 인터페이스ui와 알고리즘에 최적화한 콘텐츠를 내놓았다.

블로그, 페이스북, 유튜브로 트렌드가 바뀌다
● ● ●

사람들의 SNS 활동이 활발해지면서 인플루언서라는 용어가 많이 알려졌다. 많은 사람에게 영향력을 끼치는 사람이라는 뜻의 인플루언서는 페이스북이나 트위터에서 많은 팔로어를 가진 사람을 지칭하는 말로 사용됐다. 기존 유명인사나 외모가 눈에 띄어 주목받게 된 이들이 인플루언서가 되는 경우가 많았지만 자체적인 콘텐츠로 인플루언서가 되는 이들도 있었다. 당시 소규모 콘텐츠 기업들 또한 영향력 있는 계정을 만들고자 재미와 정보를 담은 콘텐츠들을 만들어냈다.

그러나 시간이 흐르면서 SNS 콘텐츠의 중심이었던 페이스북은 힘을 잃어갔다. 2022년 8월 시장조사기업 모바일인덱스에 따르면 한국 페이스북 월간 활성이용자MAU는 1,109만 6,919명으로 2020년에 비해 2년 만에 25% 감소했다. 온라인 콘텐츠 소비에서 중요한 위치를 차지하는 20대에 집중해보면 페이스북의 하락세는 더욱 뚜렷하게 나타난다. 2022년 정보통신정책연구소가 발표한 보고서 「세대별 SNS 이용 현황」에 따르면 2017년 국내 20대의 페이스북 사용률은 48.6%였으나 2021년에는 27.0%로 떨어졌다.[4] 몇 년 사이 페이스북이 '아재 플랫폼'이라고 불리게 된 것이 이상하지 않은 수치다.

플랫폼 환경이 달라지면 콘텐츠 창작자도 변화를 시도해야 한다. 블로그에서 페이스북으로, 페이스북에서 유튜브로 플랫폼을 옮기는 크리에이터들은 이 같은 변화에 잘 적응하는 이들이다. 이때 글이나 이미지로 제작해온 콘텐츠 내용을 영상화하는 도전이 필요하다. 유튜브 크리에이터는 이처럼 주류 플랫폼의 변화로 인해 만들어지기도 한다.

페이스북에서 콘텐츠를 제작했으나 한계에 부닥치다
● ● ●

2024년 5월 기준 약 73만 명이 구독하고 있는 유튜브 채널 「브레이너 제이의 숙면여행」은 페이스북 콘텐츠에 배경을 두고 있다. 당시 페이스북에서 제공하던 콘텐츠는 지금과 성격이 조금 달랐지만,

건강과 관련된 콘텐츠를 제공한다는 점에서 현재의 유튜브 채널과 관련이 있다. 잠에 집중한 콘텐츠로 운영되는 현재의 유튜브 채널은 2018년에 개설됐다.

「브레이너 제이의 숙면 여행」을 운영하는 브레이너 제이는 국제인증 성인 수면코치(미국, IPHI IASC) 자격을 취득한 후 현재 옥스퍼드대학교 임상신경과학과에서 수면의학을 전공하고 있다. 생명과학을 전공한 그는 사람들에게 실질적인 도움을 줄 수 있는 일을 찾아서 실험실을 나왔다. 그가 선택한 것은 2015년 당시 가장 많은 사람이 이용하던 SNS 플랫폼인 페이스북에서 콘텐츠를 제공하는 일이었다. 페이스북에서 유행하던 카드뉴스 형식으로 건강 콘텐츠를 제작해 올리기 시작했다.

브레이너 제이의 페이스북 콘텐츠는 금세 인기를 끌었다. 2년 만에 팔로어 300만 명이 모였다. K팝, K드라마 등 K컬처가 떠오르기 시작하던 때라서 동남아시아나 중남미권 국가들에서도 호응을 보냈다. 처음에는 영어와 한국어 콘텐츠를 제작하다가 다양한 국가에서 팔로어가 늘어나자 8개 국어로 제작했다.

다국어 콘텐츠를 만들면서 국외에 있는 현지 번역자들과 협력을 하고 법인을 세워 회사로 운영하기 시작했다. 하지만 현실적인 벽에 가로막혔다. 수익 창출이 문제였다. 페이스북은 수익 모델을 만들기가 어려웠고 수익이 발생하지 않는 상태로 많은 인원에게 미디어로서 콘텐츠를 공급하는 데는 한계가 있었다. 결국 2018년에 페이스북 콘텐츠를 만들던 회사는 문을 닫았다.

알고리즘과 싸우며 유튜브 시장을 새롭게 개척하다

●●●

그 후 브레이너 제이는 기존에 발행한 페이스북 콘텐츠들의 데이터를 분석해 건강 전체가 아니라 수면에 집중하는 서비스를 만들 계획을 세웠다.

"데이터를 보다 보니 마음건강에 문제가 있는 사람들이 공통으로 갖고 있던 문제가 수면이라는 걸 알게 됐어요. 그리고 나서는 이 생각을 검증하기 위해 21명 정도를 모아 숙면과 기상 습관에 대한 프로그램을 진행했는데 반응이 괜찮더라고요. 그때 확신을 갖고 유튜브 채널을 열었죠."

페이스북 콘텐츠를 만들 때 법인을 세워 운영했던 브레이너 제이는 유튜브에선 다른 방향을 택했다. 사업화보다는 공익적인 차원에서 운영해보겠다는 생각으로 개인 크리에이터가 됐다. 2018년에 유튜브 채널을 만들고 2022년까지 5년간 그 생각을 유지했다.

페이스북에서 사람들에게 필요한 콘텐츠를 만든 경험이 있다고 해

브레이너 제이

도 유튜브 영상은 분명히 다른 분야였다. 브레이너 제이는 유튜브의 시스템, 알고리즘, 마케팅 방법 등을 깊이 공부하는 시간을 가졌다. 페이스북 콘텐츠 법인에서 함께 일했던 동료들에게 촬영과 디자인 등을 배우고 필요할 때는 도움도 받았다. 편집은 윈도에서 무료로 제공하는 윈도 무비메이커를 이용해 기본적인 편집만 했다.

"2018년 3월에 채널을 열었고 그해 11월부터 조회수가 늘면서 본격적으로 구독자 유입이 됐어요. 약 7~8개월 정도를 맨땅에 헤딩하면서 공부하고 교육받고 여러 시도를 했죠. 처음엔 정말 반응이 삭막했어요. 사실 채널을 시작할 때만 해도 구독자 1만 명이 목표였어요. 10만 명까지는 생각도 안 해 봤어요."

유튜브를 본격적으로 하기 전에 알고리즘을 먼저 공부했던 브레이너 제이는 유튜브 채널 초기의 상황을 '알고리즘과의 싸움'이라고 설명했다. 그는 유튜브 알고리즘을 데이팅 앱에 비교했다. "채널에 대해 유튜브에서 정확하게 인식하기 전까지는 추천을 안 해줍니다. 검증이 안 되어 있으니 소개를 안 해주는 것과 같습니다." 해당 채널의 정체성을 정확하게 파악할 수 있도록 단편적이고 세분화된 주제를 가지고 지속적으로 업로드를 해야 한다는 설명이다.

이 같은 설명은 브레이너 제이 자신의 시행착오에서 비롯된 것이다. "처음에는 정말 다양하게 다 해봤어요. 그런데 다 안 되더라고요. 그러다가 자면서 틀어놓고 잘 수 있는 수면 가이드 콘텐츠를 만들어보자고 생각해서 그것만 계속 만들었죠. 개인적으로는 이렇게 한 가지만 만든다는 게 자존심이 상하기도 했는데요. 이 콘텐츠가 가장 인기가 있으니 계속해보자는 마음으로 만들었어요. 그런데 이게 대여

브레이너 제이의
숙면여행

오늘의 주제

나의 수면(리듬)을 잘 관리할 수 있는 방법?!

(출처: 유튜브 캡처)

섯 개 쌓이다 보니 노출량이 늘고 조회수가 늘더라고요."

이는 페이스북에서 유튜브로 옮긴 브레이너 제이가 개인 크리에이터로 활동한 뒤 첫 번째로 맞은 변곡점이었다. 유튜브에 채널을 개설한 지 약 8개월 만의 일이었다. 그는 유튜브 알고리즘에 대한 이해를 실전에 적용하면서 크리에이터로서 한 걸음 더 나아갈 수 있었다.

두 번째 변곡점은 2년 가깝게 지난 2020년 5월쯤 찾아왔다. 채널의 정체성을 잡는 데 역할을 했던 수면 가이드 영상을 충분히 쌓은 뒤 브레이너 제이는 새로운 콘텐츠를 기획하고 있었다. 수면 관련 채널이라는 정체성을 벗어나지 않으면서도 새로운 콘텐츠가 필요했다. 그가 생각해낸 것은 수면 관리 콘텐츠였다.

"수면에 대해 공부를 할수록 중요한 건 수면 유도가 아니라 수면 관리라는 걸 알게 돼요. 그래서 잠이 드는 시점부터 기상까지를 책임질 수 있는 콘텐츠가 있으면 좋겠다는 생각을 하게 됐죠. 그러면 총 수면 시간 관리가 되니까요. 그래서 7시간 30분, 6시간, 4시간 30분 이런 식으로 90분 단위로 시리즈를 쌓았는데 그중 4시간 30분짜리 콘텐츠가 대박이 났어요. 잠을 짧게 자야 하는 우리나라 현실을 생각 하면 안타까운 일이긴 하지만 그 콘텐츠가 여러 곳으로 공유되면서 채널이 급속도로 성장했죠."

브레이너 제이의 수면 관리 콘텐츠는 "잠도 잘 오는데 심지어 깨워 주기까지 한다" "짧게 자도 잘 일어나진다" 등의 반응과 함께 사람들 사이에 퍼져나갔다. 수면 관리 콘텐츠가 사람들의 관심을 끌면서 생 각하지도 않았던 10만 구독자를 넘어섰다. 구독자는 이내 18만 명까 지 늘어났다.

새로 유입된 구독자들은 기존에 쌓아뒀던 수면 가이드 영상과 수 면 관련 자료들에도 관심을 보였다. 브레이너 제이의 채널에서 수면 관리를 해준다는 내용이 블로그에도 올라왔고 검색을 통해 유입되 는 시청자들도 많아졌다. 신규 시청자들이 유입되면서 과거 콘텐츠 들이 역주행하는 경우도 생겼다.

공익적인 차원에서 전문적인 지식과 진정성을 담다
● ● ●

구독자 수가 늘어나고 영향력이 생기면서 여러 사업 제안을 받았 지만 대부분 거절하면서 보수적으로 운영했다. 처음 생각했던 '공익 적인 운영'이라는 기준을 넘지 않기 위해서였다. 이후로도 꾸준히 성 장해온 브레이너 제이의 채널에는 의사와 함께 대화하는 지식 콘텐츠와 수면 관련 논문 해설 콘텐츠 등이 다양하게 업로드되고 있다. 수면 관리 콘텐츠도 꾸준히 제작하고 있다. 브레이너 제이는 "만들고 싶은 콘텐츠가 아직 너무 많다."라고 말한다.

"저는 아이디어가 떨어져본 적은 없어요. 기획을 하기에 앞서 공부를 많이 하는 상태고 공부를 하다가 떠오르는 아이디어에는 이미 그 내용이 포함되어 있으니까요. 스크립트만 바로 쓰면 되는 단계인 거죠. 지금도 계속 그런 아이디어들을 가지고 있고 체계적으로 정리하기 위해 여러 노트에 적어놨어요. 계절에 맞춰서 또는 어떤 시기에 맞춰서 만들겠다는 계획도 있고요. 심지어 내년에 만들 것까지 정리해놨어요. 잠이라는 게 워낙 범위가 넓어서 그렇기도 하죠. 깊이 들어가면 들어갈수록 잠과 연결되지 않을 게 없어요."

기본적인 구독자 집단과 소비층이 형성된 현재 브레이너 제이는 채널의 내실을 다지는 데 힘을 쏟고 있다. 알고리즘과 키워드에 신경을 쓰던 과거에 비해 마케팅적인 기법은 줄이고 수면에 대한 전문성을 어떻게 담아낼지가 최근의 관심사다. 데이터상으로 영상의 수준이 높을 때 시청 지속 시간이나 순시청자 수가 늘고 구독자 재방문율도 높아지기 때문이다. 여기서 말하는 영상의 수준이란 빼어난 영상미나 전문적인 촬영기법이 아니다. 브레이너 제이가 가진 수면에 대한 전문성과 수면으로 어려움을 겪는 이들에게 진심으로 도움을 주고자 하는 마음을 더 잘 담아내는 영상이 수준 높은 영상이다. 브레이너 제이가 콘텐츠를 제작하면서 중점을 두는 요소에서 이 같은 의미를 읽을 수 있다.

"제일 중요한 건 안전성과 객관성, 즉 과학적으로 증명된 내용일 겁니다. 그러한 내용을 다뤄야 하기 때문에 더 진정성 있게 접근하려고 해요. 제 목소리부터 진정성 있고 따뜻한 느낌이 들게 하는 데 신경을 쓰고 있습니다. 그러면서도 단순한 위로가 아니라 솔루션을 제공할 수 있는 전문성을 녹여내는 거죠. 전문가로서 신뢰를 주는 것에 더해서 '내가 당신을 진심으로 도와드리려고 합니다.'라는 마음을 충분히 전하는 것이 중요하다고 생각해요."

플랫폼 환경의 변화 속에서 유튜브 크리에이터가 된 브레이너 제이에게서도 앞서서 살펴본 크리에이터의 경쟁력 요소들을 그대로 발견할 수 있다. 수면(건강) 콘텐츠로 사람들에게 도움을 주는 일을 좋아해서 시작했고 콘텐츠로 담아낼 만한 전문성이 있고 진정성을 갖고 위로하는 개인의 캐릭터가 있다.

브레이너 제이는 2022년 11월에 수면과 마음건강을 연구하고 그와 관련된 서비스를 제공하는 법인 '에스옴니S-OMNI'를 세웠다. 이 법인을 통해 대학병원들과 협력한 수면 전문 솔루션을 개발했고 인공지능을 연계한 모바일 어플리케이션 '솜니아Somnia'도 출시했다. 법인의 수익 모델과는 별도로 유튜브에서는 계속해서 공익적인 활동을 지향하며 무료로 이용할 수 있는 콘텐츠들을 제공할 계획이다.

"저는 저희 채널이 목발 같은 역할은 하는 것으로 생각합니다. 다리가 다치면 나을 때까지 목발을 짚고 다니잖아요. 하지만 다리가 괜찮아지고도 목발을 짚고 다니면 그건 진짜 이상한 집착이죠. 제 채널도 보시는 분들이 괜찮아질 수 있는 데까지만 도와드리는 역할을 하고 싶어요. 그래서 앞으로는 장기적으로 수면과 마음건강을 스스로 관리할 수 있는 셀프케어에 집중을 하려 합니다."

사람들에게 실질적인 도움이 되는 지식을 나누고자 했던 브레이너 제이의 콘텐츠 제작 목적은 플랫폼이 바뀌고 법인이 아니라 개인 크리에이터가 되어서도 달라지지 않았다. 전문성에 진정성이 더해질 때 사람들이 반응하는 콘텐츠가 되었다. 이러한 콘텐츠를 만드는 사람들이 바로 크리에이터이다.

3. 블로거에서 테크 유튜버로
   전향하다

전자기기 후기를 블로그에 쓰며 파워 블로거로 활동하다

●●●

테크 크리에이터를 만나면 가장 먼저 묻고 싶은 질문이 있었다. 리뷰하는 그 많은 제품을 어떻게 빨리 구하는지다. 언론사라면 광고 목적으로 제품을 보내주거나 사진을 제공하지만 개인 크리에이터, 특히 아직 규모가 작은 채널의 크리에이터라면 제품을 직접 사야만 할 것이다. 개인 크리에이터로서는 큰 부담이 아닐까.

"블로그를 하며 쌓아왔던 관계 기업들이 있어서 국내 제품들은 빠르게 받을 방법이 있어요."

구독자 21만 명을 보유한 테크 리뷰 채널「대신남 말방구실험실」을 운영하는 유종진은 블로거에서 시작해 테크 유튜버로 전향했다.

그의 대답처럼 테크 블로그를 운영하며 쌓아왔던 기업들과의 관계가 크리에이터로 다시 시작하는 데 큰 도움이 됐다.

블로그도 처음부터 전업 블로거를 마음먹고 시작한 것은 아니었다. 테크 분야와 전혀 관련 없는 직장을 다니면서 취미로 자신이 좋아하는 전자기기들에 대한 글을 쓰려고 블로그를 열었다. 그는 "숨통 좀 트였으면 좋겠다는 생각으로 시작했다."라고 표현했다.

제품을 구매할 때마다 제품에 대한 후기나 다른 사람의 구매 판단에 도움이 될 만한 글들을 블로그에 올렸다. 그러자 사람들이 모여들었다. 유종진은 파워블로거가 됐고 수익이 발생하기 시작했다. 그렇게 그는 테크 분야 파워블로거로 활동했다.

대도서관을 보고 블로거에서 영상 크리에이터로 전향하다
●●●

글과 사진을 올리는 블로거로 활동한 유종진이 영상을 제작하는 크리에이터로 활동 분야를 전환하게 된 것은 2014년에 유명 크리에이터 '대도서관'을 소개한 기사 때문이었다. 그 기사에서 월평균 수익이 수천만 원에 이른다는 것을 보고 궁금증을 가졌던 것이 계기가 됐다. 유종진은 미디어 업계에 있는 지인에게 "이게 가능해요? 어떻게 인터넷 방송으로 이런 돈을 벌어요?"라고 물었다. "가능할걸요?" 지인의 짧은 답변에 그는 아프리카TV를 바로 시작했다.

"지금도 크게 다르진 않지만 당시 아프리카TV는 '스포츠' '게임' '여캠'[5] 외에는 콘텐츠 카테고리가 아예 없었어요. 테크 제품을 실시간 라이브로 방송해보면 어떨까 해서 시작했는데요. 당시 아프리카

TV 관계자분들이 상당히 좋게 봐주셨죠. 바람직한 콘텐츠라며 상당히 밀어주셨어요. 「말방구쇼」라는 이름으로 일주일에 한 번씩 저녁에 1시간 방송하는 걸 6개월 동안 꾸준히 했고 후원도 붙었어요. 그런데 확실히 시청자들이 원하는 것과는 차이가 있다 보니 운영사에서 아무리 밀어줘도 많이 안 보더라고요."

「대신남 말방구실험실」의 유종진 (출처: 유튜브 캡처)

블로그를 벗어나 영상에 도전한 유종진의 첫 시도는 그렇게 실패했다. 그러나 이 과정을 통해 방송 시스템 장비 구축, 방송에 필요한 기술, 영상에 어울리는 화법 등을 배울 수 있었다. 이미 시스템을 갖췄고 영상 경험을 해본 유종진은 「대신남 말방구실험실」이라는 채널을 개설해 유튜브를 시작했다.

당시 블로거들이 영상 크리에이터에 도전하지 않는 이유는 수익에 대한 불안함 때문이었다. 블로그보다 영상은 손이 훨씬 많이 가지만 그만큼 수익이 날지는 알 수 없기 때문이다. 일반적으로 편당 광고 수익을 내는 블로거들로서는 영상에 투자할 시간에 포스팅 한 편을 더 하는 편이 이득이었다.

주변 블로거들과 달리 유종진은 영상에 대한 확신이 있었다. 그는 아프리카TV가 테크 분야와 맞지 않았을 뿐 앞으로는 글보다 영상이 많이 소비될 것이라고 생각했다.

"블로그는 아무래도 소통을 위한 채널은 아니거든요. 글은 내가 알고 있는 정보를 일방적으로 전달할 뿐이잖아요. 영상은 소통하는 감성이 있어요. 글로 보는 것보다 영상으로 볼 때 더 가깝게 와 닿으니까요. 앞으로는 글 중심의 콘텐츠보다 영상 콘텐츠가 대세가 될 것으로 생각했죠."

유튜브에서 테크 채널을 운영하기 시작하면서 어느 정도의 투자는 불가피했다. 파워블로거로 삼성과 LG 같은 대기업들과 계약을 했던 관계가 있어 국내 제품들은 받을 방법이 있었지만 해외 제품들은 직접 구입하는 수밖에 없었다. 유종진은 "유튜브가 돈이 된다고 해서 시작했다면 어려운 문제였을 것"이라고 돌아봤다. 블로그를 시작할 때부터 테크 제품을 좋아하는 마음이 먼저였기에 유튜브 채널 초기에도 제품을 꾸준히 구입하며 콘텐츠 제작을 계속할 수 있었다는 얘기다.

"수익이 충분히 나기 전에는 부담이 됐죠. 그래도 제가 좋아하는 제품들이고 관심이 있는 제품들이니까 고민을 하면서도 구입을 했어요. 아주 비싼 제품보다는 저렴하면서 쓸 만한 제품이라거나 신기한 제품 위주로 구매를 했고요. 당장 사기는 어렵지만 사람들이 관심이 있을 만한 제품들 위주로 영상을 계속 제작했고 그런 영상들이 인기를 끌면서 채널이 성장할 수 있었습니다."

「대신남 말방구실험실」의 유종진 (출처: 유튜브 캡처)

블로거로서의 역량이 유튜브 제작에서도 발휘되다

● ● ●

블로거로서의 경험은 제품 수급뿐 아니라 영상 제작에도 도움이 됐다. 블로그를 오래 운영했기에 카메라를 다루는 데 익숙했기 때문이다. 제품을 리뷰하는 영상의 시나리오를 쓸 때도 블로그에 글을 썼던 경험을 살린다. 제품의 기능, 배터리, 작동법 등을 일일이 체크한 뒤 데이터를 쌓아놓고 블로그에 글을 쓰듯이 대본을 써내려간다.

현재 「대신남 말방구실험실」 작업실에는 카메라, 조명, 대사를 표시하는 프롬프터까지 갖춰져 있다. 그러나 지금도 기업과 협업으로 진행하는 브랜디드 콘텐츠가 아니면 모든 장비를 세팅하고 촬영하고 편집하는 과정을 혼자 수행한다. 이 때문에 효율적인 작업 진행이 필요하고 그만큼 사전에 작성하는 대본이 중요하다.

크리에이터의 영상이 전문제작사에서 만든 영상만큼 영상미나 기술적 완성도가 중요하지는 않지만 '정보 공유'라는 기본적인 필요까지 무시할 수는 없다. 테크 리뷰는 데이터와 자세한 디자인을 보여줘야 하는 영상이기에 영상 촬영과 구성을 소홀히 할 수 없다고 유종진은 설명했다.

"유튜브는 날것의 매력이 있다고 예전에 많이들 표현했잖아요. 저도 초기에는 대본 없이 제품만 가지고 바로 카메라 켜고 촬영을 했었어요. 물론 그건 또 그대로의 재미가 있기는 하죠. 그런데 깊이 있게 다룰 수 없다는 게 단점이에요. 그냥 언박싱 영상은 가능하지만 제품에 대한 리뷰라고 할 수 있는 콘텐츠는 아닌 거죠."

이 같은 작업을 하다 보면 블로그로 리뷰를 할 때보다 시간은 훨씬 오래 걸린다. 어떤 식으로 보여줄지 기획을 하면서부터 대본을 쓰고 촬영에 들어가기까지만 많게는 4일이 소요되기도 한다. 하물며 분석을 마치고도 리뷰 영상을 찍을 수 없을 때도 있다. 제품이 너무 안 좋아서 소개하기 어려운 경우다. 크리에이터 입장으로는 부정적인 내용으로 리뷰를 하고 자극적인 제목을 달면 조회수를 얻을 수 있겠지만 그렇게 하지 않는다. "내 기준에서 나쁘다고 생각해서 제품을 개발한 업체까지 피해가 가게 할 수는 없다."라는 이유 때문이다. 다만 소비자가 구매했을 때 명백하게 피해가 예상되는 경우에는 여과 없이 리뷰 영상을 제작한다.

「대신남 말방구실험실」 영상의 또 다른 특징은 직관적인 포인트 효과들이다. 깔끔하게 잘 찍은 영상보다 영상 효과를 넣어서 이해하기 쉬운 영상을 만드는 것을 중시한다. 특징을 잡아 짧은 시간에 흥미를 갖고 이해하기 쉽게 만든다. 그런 그의 영상 스타일은 블로그 리뷰에 서부터 쌓아온 감각이 필요한 방식이자 크리에이터 '말방구'의 경쟁력이다.

"취향 차이일 수 있지만 저는 단순히 디바이스만 나오는 것보다 효과를 다양하게 주는 걸 좋아해요. 포인트를 잡아서 여기에 어떤 점들이 독특하고 여기에 뭐가 들어가 있다는 것들을 보여주는 거죠. 그렇게 해서 시간이 없는 사람들은 효과들만 보더라도 쉽게 이해할 수 있게 만드는 거예요. 그렇다 보니 6~7분 정도 영상의 편집 시간이 6시간 정도 걸려요."

빠르게 변하는 트렌드에 올라타라
● ● ●

앞서 살펴본 사례들처럼 유종진 또한 크리에이터가 되는 기본적인 요소들을 모두 갖추고 있다. 테크 분야에 대한 관심, 콘텐츠로 만들 수 있는 역량, 그리고 블로거로서의 경험을 살린 자신만의 스타일이 그것이다. 특히 그의 기존에 시장이 형성된 블로그 활동에서 영상 크리에이터로 전환해간 경험은 플랫폼 유행이 빠르게 달라지는 오늘날 참고할 만하다. 그는 숏폼 트렌드에 맞춰 테크 분야를 어떻게 짧은 콘텐츠로 만들 수 있을지 고민 중이다.

"솔직히 네이버 블로그가 그렇게 커질지도 몰랐고 유튜브가 그렇게 중요해질 줄도 몰랐잖아요. 네이버에서 글 쓰던 저 같은 사람이 유튜브에서 지금 영상을 만들고 있어요. 플랫폼과 트렌드의 변화는 계속 공부해야 하는 것 같아요. 지금도 유튜브 영상 크리에이터의 진입 장벽이 높아졌다고 하지만 과거엔 없었던 숏폼이 생겨서 새로운 스타들이 나오고 있잖아요. 그런 숏폼 스타들은 틱톡커로도 유명하고 인스타그램에서도 릴스로 콘텐츠를 올리거든요. 이런 숏폼이 기존 영상들과 또 달라요. 숏폼 안에서의 생태계가 이미 만들어졌다고 봐요."

콘텐츠의 변화가 갈수록 빨라지는 시대에 새로운 트렌드에 반응하고 그에 맞춰 콘텐츠를 만들어내는 유연성은 크리에이터가 되는 데 반드시 필요한 역량 중 하나가 됐다. 지금도 많은 사람이 변화의 물결 속에서 크리에이터가 되고 있다.

4. 크리에이터는 어떻게 살아남는가

좋아하는 일을 개성 있게 잘하면 된다

● ● ●

누군가는 자신이 처한 환경에 의해, 누군가는 신념을 위해, 누군가는 시대의 변화에 따라 크리에이터가 됐다. 우리가 살펴본 사례에서 그들은 공통으로 '그럼에도 불구하고 좋아하는 일을 하려고' 크리에이터가 되었음을 확인했다. 좋아하는 일을 지속할 수 있는 유력한 선택지가 크리에이터 활동이라는 것에는 이견을 제기하는 이가 많지 않을 것이다.

그러나 좋아하는 일이 있다는 것만으로 크리에이터로서 살아남기는 어렵다. 국내 '성공한 유튜버'의 대표적인 이름이 된 게임 크리에이터 대도서관은 프랑스 영화감독 프랑수와 트뤼포의 "영화를 사랑하는 첫 번째 단계는 같은 영화를 두 번 보는 것이다. 두 번째 단계는 영화평을 쓰는 것이다. 그리고 세 번째 단계는 영화를 만드는 것이다. 그 이상은 없다."라는 말에 빗대어 크리에이터가 되어가는 과정을 다음과 같이 정리했다. "덕업일치 첫 단계는 일단 내가 좋아하는 분야를 발견해 덕후가 되는 것이다. 두 번째 단계는 그 분야를 즐길 때마다 '나라면'을 대입해 통찰력을 키우는 것이다. 세 번째 단계는 그 분야에서 내 특기를 살려 일하는 것이다. 좋아하는 일과 잘하는 일의 '컨버전스'를 시도하라는 뜻이다."[6]

대도서관의 생각은 이번 장에서 만난 크리에이터들이 가진 특징들과도 같은 맥락을 가진다. 이를 종합해보면 크리에이터가 될 때 필요한 요소들은 세 가지로 압축된다. 앞선 내용에서도 반복적으로 언급했던 요소들이다. 첫째, 좋아하는 일(지속하고자 하는 일). 둘째, 콘텐츠화할 수 있는 경험적 역량. 셋째, 크리에이터 개인의 캐릭터.

'좋아하는 일'이라고 계속 언급되는 요소는 오랜 취미일 수도 있고 전문적으로 공부한 특정 주제일 수도 있다. 말하기를 좋아하거나 표현을 과장되게 하는 등의 성격과 관련된 것일 수도 있다. 좋아하는 것이 있다면 그다음엔 나답게 콘텐츠화할 수 있는 방법을 고민하는 과정이 필요하다. 예를 들어 좋아하는 것이 사람들과의 대화라면 어떤 주제와 방법으로 대화를 해야 콘텐츠로서의 가치를 가질 수 있을지 고민해야 한다. 일상 브이로그부터 고민 상담이나 드라마 리뷰 등 다양한 대화거리가 있을 것이다. 자신의 강점을 활용할 수 있는 방법을 찾는다면 콘텐츠의 방향을 정할 수 있다.

콘텐츠로 만들 좋아하는 일과 함께 이에 경쟁력을 더할 수 있는 역량과 경험이 필요하다. 콘텐츠 역량이라고 하면 영상 제작 기술이나 장비 운용을 생각하는 경우가 많다. 하지만 그것들은 그렇게 중요하지 않다. 내가 만난 많은 크리에이터 대부분이 처음에는 소규모 장비로 촬영했고 편집도 기초적인 수준으로 시작했다. 그 후 장비를 협찬받거나 콘텐츠 지원 프로그램으로 편집 기술을 배워 채워나가는 크리에이터들도 있지만 인기 크리에이터가 된 뒤에도 여전히 단순한 장비와 편집 프로그램만으로 콘텐츠를 제작하는 이들도 있다.

여기서 말하는 역량과 경험이란 수많은 콘텐츠의 바다에서 자신을 돋보이게 만드는 차별적인 요소를 말한다. 미기는 음악 프로듀서로서의 경험, 브레이너 제이는 전공 학문의 전문성과 SNS 콘텐츠 운영 경험, '말방구' 유종진은 파워블로거의 네트워크와 촬영 경험이 경쟁력으로 발휘됐다. 크리에이터 활동에 도움이 되는 경험은 당연히 다양할수록 좋다. 크리에이터라면 자신이 가진 역량과 경험을 살리는 콘텐츠를 구상할 수 있을 것이다.

크리에이터가 될 때 필요한 또 다른 요소는 '자신만의 캐릭터'다. 유사한 분야에서 같은 형식으로 콘텐츠를 만드는 크리에이터들 중에도 누군가는 사람들의 주목을 받고 누군가는 무관심 속에 사라진다. 이를 가르는 중요한 요소가 크리에이터의 캐릭터다. 외모나 목소리 같은 타고난 특징 외에 주제를 보는 남다른 시각이나 통찰력, 친절하고 조심스러운 동작, 독특한 편집 템포 등도 모두 크리에이터의 캐릭터가 될 수 있다. 앞서 설명한 좋아하는 일, 역량, 경험이 융합될 때 캐릭터는 자연스럽게 정립된다.

크리에이터에게 사람들은 정교하게 만들어진 영상보다 개인의 캐릭터가 잘 표현되는 콘텐츠를 기대한다. 깔끔하고 정확하게 만들어진 콘텐츠는 유튜브에 진출한 방송사 채널이나 전문 제작사 채널에 이미 많다. 크리에이터 개인의 캐릭터가 중요한 경쟁력인 이유가 바로 여기에 있다. 방송사나 전문제작사 콘텐츠는 다수의 전문인이 참여하는 집단 작업으로 이뤄지므로 기획된 콘셉트는 있을지언정 시청자와 공감할 수 있는 캐릭터가 부각되지는 않는다. 출연자의 캐릭터나 이미 대중에게 유명한 크리에이터를 섭외해 이를 보완하려 하지만 방송 제작 구조상 개인의 캐릭터가 표현되기에는 한계가 있다.

기업이나 기관도 콘텐츠 크리에이터가 되어야 한다
● ● ●

크리에이터가 되는 과정에 필요한 이 항목들은 기업이나 기관의 유튜브 채널을 시작할 때도 적용할 수 있다. 기업과 기관이 한 명의 크리에이터가 된다고 생각해보자. 좋아하는 일(지속하려는 일)은 기업이나 기관의 본래 업무다. 예를 들어 전자제품 제조사라면 해당 제품을 계속해서 만드는 것이 '지속하려는 일'이 된다. 또는 정책을 홍보하고 교육하는 기관이라면 그 홍보와 교육 사업이 유튜브를 통해 계속하고 싶은 일일 것이다.

기업과 기관은 콘텐츠화하려는 분야의 전문성은 충분히 가지고 있다. 다만 이를 사람들에게 어떻게 전달할지에는 고민이 필요하다. 콘텐츠 관련 기업이 아닌 이상 사람들에게 메시지를 전달하는 데 필요한 경험이 부족하기 때문이다. 이때 중요한 것이 이미 가진 경험을 어떻게 활용하느냐다. 앞서 예로 든 전자제품 제조사라면 엔지니어들이 장비와 부품을 다루는 방법을 교육한 경험과 제품의 장점을 기술적으로 설명해본 경험이 있을 것이다. 현장의 생동감이 살아 있는 이 같은 경험은 콘텐츠에 활용할 수 있다.

다음은 크리에이터로서의 캐릭터를 잡을 순서다. 기업과 기관이 운영하는 채널을 볼 때 가장 아쉬운 부분이다. 개인 크리에이터는 자연스럽게 표출된 모습이 경쟁력으로 발휘되면 캐릭터화되지만 기업이나 기관에는 전략적으로 준비된 이미지가 필요하다. 가끔 SNS나 유튜브 담당자의 캐릭터를 이용해 이슈를 끄는 경우가 있지만 이런 방법은 위험하고 비효율적이다. 크리에이터가 되는 이유, 다시 말해 유튜브를 하는 목적이 좋아하는 일을 지속하기 위함이라는 것을 기억하자. 기업이나 기관으로서 해야 하는 일에 맞는 캐릭터가 필요하다. 담당 직원의 캐릭터에 의존할 경우 소속 기업이나 기관과 맞지 않는 캐릭터가 형성될 수 있다. 또한 담당자에 대한 의존도가 커져 위험요인으로 돌아올 수도 있다.

기업이나 기관이라면 본래의 역할에 맞는 콘텐츠 방향과 브랜드 이미지를 설정한 뒤 그에 걸맞는 가상의 크리에이터를 만드는 방법이 현실적이다. 일종의 페르소나라고도 할 수 있는 이 가상의 크리에이터가 반드시 애니메이션과 같은 디자인 캐릭터나 인공지능 모델일 필요는 없다. 단지 채널을 운영하는 일관된 성격, 취향, 표현 방법 등을 하나의 인물로 구상해 정리하자는 뜻이다.

예를 들어 건설사라면 '내 집 마련'이 꿈인 젊은이들을 대상으로 콘텐츠를 만든다고 해보자. 그럼 그들의 꿈을 자극할 30대 나이 정도의 '영 앤 리치' 아파트 전문가가 채널을 운영하는 것으로 설정할 수 있다. 그렇다면 B급 감성보다는 젊고 고급스러운 이미지와 전문적인 말투 등이 어울린다. 이 가상의 인물이 가질 만한 관심사를 고려해 콘텐츠를 쌓아간다면 타깃 시청자들은 브랜드 채널에 유대감과 동경심을 갖게 될 것이다.

기업과 기관의 분야, 추구하는 브랜드 이미지, 홍보 타깃 집단 등에 따라 캐릭터는 달라져야 한다. 크리에이터가 다르면 콘텐츠의 표현 방법이나 분위기도 다를 수밖에 없다. 성공한 크리에이터들의 방법을 따르려면 우선 기업과 기관을 상징할 가상의 크리에이터를 만들 필요가 있다.

유튜브 채널 「하수구의 제왕」은 23만 명 넘는 구독자를 보유하고 있다. 하수구 세척 업체 일통배관케어에서 운영하는 채널이다. 일통배관케어는 프랜차이즈 브랜드가 아니라 소규모 업체이지만 유튜브에서 하수구 관련 검색을 하면 가장 쉽게 찾을 수 있는 업체가 됐다. 「하수구의 제왕」 채널의 콘텐츠는 실제로 하수구 정비를 하는 현장의 모습이 대부분이다. 막혀 있는 배관을 뚫고 정리하는 모습을 작업용 내시관 화면으로 보여주며 어떤 작업인지 설명해주는 게 주된 내용이다. 사람들은 쉽게 보지 못하는 하수구 아래 모습에 신기해하고 막힌 배관이 뚫리는 순간에 함께 개운함을 느낀다. 현장 작업자의 차분한 설명은 다소 거칠게 느껴질 수 있는 관리 공정의 분위기를 상쇄한다.

이 채널은 배관관리(지속하려는 일)에 대한 전문성, 작업용 내시경 화면과 침착한 현장 작업(역량과 경험), 작업자의 친절함과 문제해결 시 느끼는 공감대(캐릭터 차별화) 등으로 크리에이터가 되는 기본 요소를 모두 갖추고 있다. 이는 시청자들이 배관관리라는 분야의 업체에 기대하는 부분에 부합한다. 목적에 맞는 기업 크리에이터가 된 것이다. 기업과 기관에서 크리에이터처럼 유튜브를 하려고 한다면 이 같은 기본 요소를 무엇으로 어떻게 끌어낼 수 있을지를 고려해야 한다.

유튜브는 크리에이터라는 호칭을 익숙하게 만들었다. 그래서인지 크리에이터라는 말이 유튜버와 함께 쓰이는 경향이 있다(이 책에서 만나는 크리에이터들도 유튜버다). 그러나 크리에이터는 '유튜브로 인해' 만들어진 것이 아니다. 크리에이터는 자신이 좋아하는 일 또는 지속하려는 일을 이미 자기 안에 가지고 있었고 그것을 유튜브라는 뉴미디어 플랫폼상에 콘텐츠로 표출하는 데 적응한 것이다.

6장
———

주목 경제 시대에 어떻게
K콘텐츠를 만들 것인가

Creator Initiative

● 크리에이터로 성공했다는 것은 무엇을 의미할까? 크리에이터로서의 가치는 어디서 나올까? 사람들에게 필요한 정보를 제공하는 콘텐츠를 만드는 크리에이터는 분명 좋은 크리에이터이지만 사람들은 그것만으로 성공했다고 하지는 않는다. 결국 필요한 것은 조회수와 구독자 수다. 크리에이터는 콘텐츠의 창작자이자 그 콘텐츠로 사람들에게 주목받는 인플루언서다.

산업의 관점에서 크리에이터의 수익 창출 기반은 얼마나 많은 사람에게 콘텐츠가 보여지느냐이다. 이는 단순히 구독자가 얼마나 많은지보다 조금 더 복잡한 문제다. 현재 발생하는 조회수와 그에 대한 사람들의 반응이 중요하다. 크리에이터 활동을 이어가려면 그만큼의 수익이 발생해야 한다. 그리고 그 수익이 단순히 생존하는 수준을 넘어서야 성공한 크리에이터라고 인정받는다. 이런 이유로 크리에이터의 성공 여부는 사람들의 관심과 호응 정도를 기준으로 판단된다.

미국의 저술가 마이클 골드하버M. H. Goldhaber는 주목경제라는 개념을 제시했다. 정보 과잉의 시대에 정보 자체로는 경제적 가치를 창출하기 어렵다는 배경에서 나온 개념이다. 콘텐츠로 가치가 창출되는 지점은 그 콘텐츠가 얼마나 주목받느냐이다. 디지털 환경에서 정보 자체는 무한하게 생성되지만 그것을 소비하는 인간의 주목은 유한하기 때문이다.

주목의 가치를 설명할 때 골드하버는 자동차를 예로 든다. 한국만 해도 등록된 자동차 수가 2,300만 대를 넘어선다. 국민 2인당 1대씩 차를 보유한 셈이다. 사람들은 이미 적당한 성능의 자동차를 가지고 있으면서도 기왕이면 더 좋은 차를 갖길 원한다. 하지만 아무리 비싼 차라도 실제 도로에서 교통 법규를 지키며 달려야 하는 조건에서는 제대로 된 성능 차이를 만끽하기 어렵다. 이 상황에서 2,000만 원짜리 차와 2억 원짜리 차를 비교할 때 운전자가 느끼는 성능 차이가 10배라고 인정하는 사람은 매우 드물 것이다.[1] 성능의 차이가 아니라면 자동차 가격을 결정하는 가치는 어디에서 나올까? 사람들의 선호와 주목도. 얼마나 관심을 받느냐가 경제적 가치로 치환되는 것이다. 크리에이터 산업에는 이 같은 주목경제가 적용된다.

게임 크리에이터 '테스터훈'의 먹방 채널인 「테이스티훈」은 세 번째 콘텐츠인 '치즈 분수' 영상으로 순식간에 수십만 구독자를 가진 채널이 됐다. 2020년 10월에 업로드된 이 영상에는 치즈 퐁듀 치킨을 먹으려다가 퐁듀 기계를 잘못 조작해 치즈가 흘러내리는 것이 아

게임 크리에이터 '테스터훈'의 먹방 채널인 「테이스티훈」은 세 번째 콘텐츠인 '치즈 분수' 영상으로 순식간에 수십만 구독자를 가진 채널이 됐다. (출처: 유튜브 캡처)

니라 고장난 분수처럼 회오리치며 사방에 치즈가 흩뿌려지는 상황이 담겨 있다. 이 영상은 금세 1,000만 조회수를 넘어섰고 국내 언론은 물론 해외 언론들에서도 다뤄질 만큼 화제가 됐다.

테이스티훈의 '치즈 분수' 영상에 유용한 정보가 담겨 있을까? 애써 도움이 되는 정보를 찾자면 퐁듀 기계에는 애초에 점성이 낮은 퐁듀용 치즈를 사용해야 사고가 나지 않는다는 정도일 것이다. 사실상 정보 공유의 가치가 없는 영상이 이렇게 관심을 끌고 인기 채널을 만든 이유는 단 하나다. 웃기기 때문이다. 크리에이터가 본격적으로 등장하기 전 UCC들도 생활 속의 희귀하거나 웃긴 장면을 담은 영상들이 콘텐츠의 많은 부분을 차지했다.

기존 미디어 콘텐츠 기획 방식에서는 대리만족을 기준으로 삼기도 한다. 사람들이 다양한 이유로 쉽게 할 수 없는 것을 콘텐츠로 다뤄 보는 이에게 만족감을 주는 방식이다. 여행 프로그램이나 체험 예능 프로그램 등이 대표적이다. 같은 맥락으로 「구해줘! 홈즈」 같은 집 구경 프로그램의 인기가 '내 집'을 구하기 어려운 현실이 반영된 것이라고 해석하기도 한다.

유튜브에서는 대표적인 것이 먹방이다. 화면 속 누군가가 맛있게 음식을 먹는 것을 보면서 마치 시청자도 함께 먹는 것과 같은 만족을 느끼는 것이다. 기본적인 욕구인 식욕을 만족시키기에 일찍부터 유행하는 콘셉트가 됐다. 누군가를 만나 함께 음식을 먹기 어려운 코로나19 유행 기간에는 더욱 인기를 끌었다. 최근에는 홀로 술을 먹으며 개인적인 이야기를 털어놓는 '술방' 채널들도 부쩍 늘어나며 인기를 끌고 있다. 대리만족을 제공하는 콘텐츠를 시청하는 사람들의 마음에는 '나와 같은 것을 좋아하는구나.'라는 공감이 일어난다. 이같은 공감은 크리에이터 개인과 시청자들 사이에 공감대를 형성하고 구독으로 이어진다.

이 외에도 게임 콘텐츠, 공포 콘텐츠, 헬스 콘텐츠 등 다양한 분야의 콘텐츠들이 각각의 관심사를 가진 시청자들에게 주목받고 있다. 사람들의 관심을 얻는 요소를 한두 가지로 정리하기는 어렵다. 같은 분야의 비슷한 내용 사이에서도 사람들의 주목도가 나뉜다. 크리에이터들은 자신의 분야 안에서 사람들이 주목할 만한 콘텐츠를 만들기 위해 고민할 수밖에 없다. 공감대를 형성할 만한 콘텐츠가 필요할 때도 있고 눈에 띄는 독특함이 필요할 때도 있다.

성공한 크리에이터들은 주목받는 콘텐츠를 어떻게 기획할 수 있었을까? 흔히 생각하는 것처럼 '자신이 좋아하는 것을 하다 보니 사람들도 좋아해줬다.'라는 경우는 많지 않다. 유튜브 채널들이 지금처럼 많지 않을 때는 그와 같은 일이 가능했을지 모르지만 분야마다 경쟁이 치열해진 현재는 상황이 다르다. 직접 이야기를 나눠본 크리에이터 대부분은 사람들의 주목을 받는 콘텐츠를 계획하는 각자의 방식이 있었다.

1. 주목받는 콘텐츠 기획력이
   필요하다

아이의 모습을 남기면서 돈도 벌다

●●●

약 330만 명이 구독하고 있는 키즈 채널 「리월드」는 아빠 케빈과 딸 앨리스가 함께 노는 영상이 주력 콘텐츠인 채널이다. 채널 이름은 앨리스의 본명 '리원'에서 따온 것이다. 채널에 담긴 의미처럼 주인 공은 앨리스다.

이 채널에서 아빠와 딸이 즐겁게 노는 영상 중 23편이 조회수 1,000만 이상을 기록했다. 두 편은 1억 7,000만 조회수를 넘겼다. 이 같은 인기 콘텐츠 중 상당수가 특별한 공간이 아니라 집에서 촬영된 영상이다. 인기 키즈 채널들이 특별한 곳에 가서 탐방하거나 독특한 소품을 이용하는 방식으로 관심을 끄는 것에 비하면 「리월드」의 콘텐츠는 평범해 보이기까지 한다. 이렇게 평범해 보이는 채널이 이렇게 주목받은 이유는 무엇일까?

지금은 가장 큰 키즈 채널 중 하나이지만 처음부터 관심을 받기 위해 콘텐츠를 제작하기 시작한 것은 아니었다. 케빈이라는 이름으로 등장하는 아빠 윤성훈은 "회사 다녀오면 아이가 자라 있는 느낌이었어요. 너무 빨리 자라는 느낌이 들어 아이의 모습을 남기고 싶었습니다."라고 영상 촬영을 시작한 이유를 설명했다. 그 후 인터넷에서 키즈 유튜브로 수익을 내는 크리에이터가 있다는 내용을 보고 본격적으로 유튜브 크리에이터 활동을 준비했다.

"처음 의도는 그냥 아이의 모습을 남기는 거였어요. 그러다가 아이 영상을 찍으면서 돈도 버는 사람이 있다는 내용을 봤고 관심을 가졌죠. 자세히 보다 보니까 기획을 하고 시장 분석을 한다는 것도 알게 되더라고요. 다른 채널들을 보면서 벤치마킹했죠. 준비를 하면서 하루에 한 3시간 잤어요. 회사에서 퇴근하고 제가 할 집안일들을 하고 아이와 놀고 나서야 유튜브 관련된 일을 했죠. 유튜브 때문에 우리 삶이 피해를 보면 안 되니까 기존의 생활은 그대로 유지하면서 잠만 줄였어요."

케빈은 벤치마킹의 중요성을 강조했다. 그는 인기 있는 키즈 채널들을 살펴보며 아이들과 그 아이들의 보호자들이 어떤 주제를 좋아하고 반응하는지를 먼저 알아봤다. 그중에 실제로 딸이 좋아할 만한 활동을 택해 영상을 촬영했다. 아이가 진심으로 즐기는 모습을 보여주기 위해서였다.

"아이들이 보편적으로 좋아하는 것들이 있어요. 그래서 키즈 콘텐

「리월드」콘텐츠는 주인공인 딸 앨리스가 즐거워하는 모습이다. (출처: 유튜브 캡처)

츠가 조회수도 많이 나오고 시장성도 좋은 거예요. 언어나 문화가 달라도 전 세계 아이들은 아저씨가 방귀 뀌면 다 웃어요. 그렇게 공통으로 좋아하는 것들로 기획하면 재미없는 게 없죠."

「리월드」콘텐츠는 주인공인 딸 앨리스가 즐거워하는 모습이다. 처음에는 별다른 구성 없이 단순하게 노는 모습을 촬영하다가 조금씩 발전하면서 장면을 나눠 촬영하기 시작했다. 아이는 그런 촬영 과정까지도 재밌어했다. 그 즐거움이 다른 아이들과 보호자들에게 전해졌고 「리월드」채널은 1년 만에 인기 채널로 자리잡았다.

아이들이 보편적으로 좋아하는 영상을 만들다 보니 채널은 국가를 가리지 않고 인기를 끌었다. 초기에는 외국 시청자들이 90% 가깝게 유입됐을 정도다.

"어떤 특별한 영상이 갑자기 인기를 끌어서 채널이 성장한 건 아니에요. 영상에 꾸준히 트렌드를 녹여내고 그게 쌓이니까 유튜브에서 데이터를 인식하고 띄워준 거라고 봐요. 영상 하나가 특별하다고 해서 채널이 크게 성장하지는 않아요. 그 영상을 좋아하는 사람들이 계속 이어서 볼 만한 영상들이 있어야 구독자가 생기는 거죠. 그래서 현재의 트렌드를 계속 확인하면서 유지하는 게 필요해요."

성공한 사람을 따라하지 말고 현재 트렌드를 관찰하라
●●●

다른 크리에이터들과 비교했을 때 1년은 유튜브 크리에이터로 자리잡기엔 짧은 기간이다. 그래서 「리월드」는 빠르게 성공한 사례로 관심받기도 했다. 그러나 케빈은 자신과 같은 사례를 보고 따라 하는 것은 위험하다고 말한다. 「리월드」가 성장했던 시기와 지금은 똑같지 않기 때문이다.

케빈은 다른 사람들의 방법론에 대해서도 부정적인 의견을 밝혔다. 이미 성장한 사람들의 경험도 어디까지나 과거의 경험이라는 것이다.

"유튜브도 그렇지만 콘텐츠 시장에서 1~2년 지난 책은 보면 안 돼요. 시간이 얼마나 빨리 흐르는데요. 과거에 성공한 경험과 과거의 시장 판도를 본다고 현재에 적용할 수는 없어요. 무조건 지금의 상황과 현재 트렌드에 집중해야 해요."

그가 벤치마킹을 중요하게 생각했던 이유도 현재 사람들이 원하는 콘텐츠를 기획하기 위한 것이었다. 트렌드는 빠르게 바뀌고 유튜브는 다른 어떤 콘텐츠 시장보다 트렌드에 민감하다. 이전에 성공한 영상 제작 방식이 지금도 통한다고 장담하기 어려운 이유다. 케빈은 유튜브의 성공 방법을 제시하는 강의나 책들에 대해 "헛된 희망을 주지 않았으면 좋겠다."라는 표현까지 써가며 경고했다.

알고리즘에 최적화하는 방법들도 많이 제시되고 있지만 철저히 개인의 취향에 맞춰 시청 시간을 확보하려는 의도의 알고리즘을 정확히 파악할 수 있는 방법은 없다. 변하지 않는 유일한 방법이라면 현재의 사람들이 좋아하는 것이 무엇인지 끊임없이 파악하려는 노력밖에 없다.

「리월드」 채널 성공의 배경에는 현재 많은 사람이 좋아하는 포인트를 찾으려 노력한 벤치마킹의 시간이 있다. 그러나 확인된 트렌드라고 해서 그대로 따라간 것은 아니다. 자신과 아이의 모습을 남기려는 본래의 목적이 더 중요했기 때문이다.

"아이들은 장면 전환이 빠른 영상을 좋아하죠. 효과음도 정신없이 들어가면 더 빠져들게 만들 수 있어요. 그걸 알지만 저는 그렇게 못하겠더라고요. 다른 채널들에선 해요. 아마 저도 그렇게 하면 채널도 더 커지고 돈을 더 벌었을 수도 있어요. 그런데 저는 아이가 연결되어 있는 걸 비즈니스로 볼 수가 없었어요."

케빈은 트렌드 분석의 중요성을 강조한다. 하지만 아이들과 그들의 보호자들이 공감한 진짜 감성은 어쩌면 아이를 진심으로 대하는 아빠의 모습이었을지도 모른다.

2. 알고리즘의 은총을 입어야 한다

유튜브 시청자는 자유롭게 선택하지 않고 선택당한다

● ● ●

크리에이터는 자신의 분야를 자신만의 캐릭터로 표현하는 것이 중요하다는 점을 앞선 장에서 살펴봤다. 이는 크리에이터로서 필요한 기본 자질임과 동시에 사람들을 끌어모으는 접점을 마련하는 데도 중요하다. 콘텐츠 기획이 '무엇을 보여줄 것인가?'에서 시작되기 때문이다.

유튜브 생태계를 이해하려면 시청자가 자신이 원하는 영상을 언제든지 선택하여 본다는 개념을 자세히 살펴봐야 한다. 기존 지상파TV 또는 케이블TV와 결정적으로 다른 점이다. 앞선 문장에서 나는 '자유롭게 선택한다.'라는 표현을 쓰지 않았다. '선택하여 본다.'라는 말과 '자유롭게 선택하여 본다.'라는 말에는 큰 차이가 있다.

유튜브 콘텐츠는 사용자의 의사에 따라 자유롭게 선택되는 것 같다. 하지만 실제로 사용자는 유튜브가 제공하는 선택지 안에서 자신이 볼 영상을 선택한다. 검색 결과도 유튜브에서 개인 사용자에게 맞춘 우선순위대로 나열된다. 사용자가 계속해서 영상을 보게 만드는 알고리즘이 작동되는 것이다. 유튜브에서 콘텐츠와 채널의 흥망은 이 알고리즘의 영향을 크게 받는다. 특정 콘텐츠가 알고리즘에 의해 다수에게 추천됐을 때 이를 우스갯소리로 '알고리즘의 은총'을 입었다고 하기도 한다.

알고리즘의 추천을 받으려면 정체성이 명확해야 한다

영국의 테크 칼럼니스트 크리스 스토클-워커Chris Stokel-Walker는 유튜브에 관한 여러 편의 특종기사로 유명하다. 그는 유튜브 알고리즘에 대해 "유튜브의 비밀 공식으로 냉철한 컴퓨터 논리가 뒤따르는 규칙들의 집합"이라고 설명한다. 알고리즘은 대개 상업적 이익을 염두에 둔 컴퓨터 엔지니어가 설계하지만 그다음에는 컴퓨터가 자동으로 추천안을 제시하도록 프로그램된다.[2] 우리가 보는 유튜브의 초기화면과 추천 동영상은 이 알고리즘에 의해 사용자별로 구성된다.

2016년에 세 명의 구글 직원이 유튜브의 추천 동영상을 결정하는 심층 신경망 관련 문서를 공개했다. 이에 따르면 심층 신경망은 유튜브 검색 내역, 거주 지역, 성별, 기기 종류 등이 포함된 '사용자의 유튜브 활동 내역'을 참조해서 사람들이 이전에 본 모든 동영상을 뒤진다. 그런 다음 그 결과를 활용해 사이트에 올라 있는 수십억 개의 동영상 중 사람들이 보고 싶어할 만한 동영상을 몇백 개 고르고 그중에서 다시 10여 개를 추려낸다.[3]

이는 유튜브 입장에선 합리적인 방식이다. 세계 곳곳에서 업로드되는 수많은 크리에이터의 영상을 하나라도 더 시청하도록 하려면 사용자가 좋아할 만한 영상을 계속해서 제시해야 하고 그렇게 해서 더 많은 영상을 보면 유튜브와 크리에이터의 수익이 늘어난다.

크리에이터가 주목해야 할 부분은 알고리즘이 '사용자의 유튜브 활동 내역'을 바탕으로 작동한다는 것이다. 사용자는 개인적인 취향이나 필요에 따라 관심을 가질 수도 있고 최근의 유행이나 사회적 이슈에 관심을 가질 수도 있다. 취향과 유행 중 어느 쪽의 관심 비율이 높을지는 개인별로 다를 것이다. 유튜브 알고리즘은 그 비율까지도 데이터화해 적용한다.

콘텐츠가 더 많은 사람에게 노출되려면, 즉 알고리즘의 선택을 받으려면 누군가에게 추천할 만한 콘텐츠여야 한다. 그리고 추천받을 만한 그 '누군가'가 많으면 많을수록 콘텐츠는 더 많은 관심을 받는다. 크리에이터의 정체성이 중요한 이유가 여기에 있다. 정체성이 명확하지 않은 채널의 콘텐츠는 유튜브 알고리즘의 계산으로는 추천할 만한 것이 아니다. 사용자의 관심을 충족시킬 것이라고 장담할 수 없기 때문이다.

데이터 분석만 잘해도 그 영상의 반은 성공한다

● ● ●

알고리즘의 영향 안에서 더 많은 사람에게 콘텐츠를 노출하려면 어떻게 해야 할까? 가능한 한 많은 사람이 관심을 가지는 분야로 접근해야 한다. 이때 필요한 것이 데이터 분석이다. 인터넷 검색량을 비롯해 트렌드의 흐름을 보여주는 지표들을 바탕으로 콘텐츠 방향을 정할 수 있다.

홈트레이닝 콘텐츠 채널 「올블랑TV」의 여주엽 대표는 유튜브 콘텐츠를 통한 사업을 염두에 두고 시작했다. 「올블랑TV」는 2018년 1월에 채널을 개설해 1년 만에 약 10만 구독자 수를 달성했고 2024년 기준으로는 237만 명의 구독자를 보유하고 있다. 사업적으로 시작했다고는 하지만 처음부터 콘텐츠가 사업의 중심은 아니었다. 초기에는 피트니스 센터를 운영하면서 운동 영상은 마케팅 정도로 생각했다. 여주엽 대표는 첫 영상을 제작해 유튜브가 아니라 페이스북에 업로드했다.

"페이스북에 구독자나 팔로어가 전혀 없을 때 영상을 하나 업로드했어요. 그런데 그 한 편이 하루 만에 300만 뷰가 나온 거예요. 저희는 거기서 이 시장이 돌아간다는 걸 발견한 거죠. 그때 K팝에 대한 인식이 좋아서 저희는 'K피트니스'라는 콘셉트를 붙였습니다. 그러자 K피트니스로 알려지면서 퍼지더라고요. 그 형식을 그대로 유튜브로 옮겼던 게 2018년 1월이었어요."

여주엽 대표는 K팝 뮤직비디오를 운동 영상의 콘셉트로 잡았다. K팝 영상처럼 남성들이 파트별로 돌아가며 중심에 등장해 운동하는 방식이었다. 화면의 움직임도 뮤직비디오나 음악 방송의 스타일을 적

(출처: 유튜브 캡처)

용했다. 흥겨운 영상으로 사람들이 보도록 만들고 집에서 보다 운동을 따라 하고 싶어지는 영상을 만들자는 의도였다.

"저는 데이터 사이언스를 전공했어요. 그리고 관련된 일을 해왔고요. 데이터로 세상을 이해하는 데 익숙하죠. 사업을 하려면 시장이 있느냐가 중요하다고 생각해요. 저는 그걸 데이터로 파악했는데요. 당시 BTS, K팝, 유튜브 등의 키워드가 올라오고 있었습니다. 그리고 미세먼지 때문에 실내 운동에 관심들이 높아졌어요. 미국에서는 집에서 운동하는 '홈 워크아웃'에 대한 키워드 검색량이 급증하고 있었죠."

그의 예상대로 영상에 대한 반응은 매우 좋았다. 단 16개의 영상으로 10만 구독자가 모였다. 구독자가 모이니 대기업들의 광고 제안이 들어왔고 수많은 MCN에서 연락이 왔다. 이 같은 반응은 마케팅 활동 정도로 생각했던 콘텐츠 제작을 사업의 중심으로 삼게 되는 계기가 됐다.

"광고주들은 원래 소비자가 뭘 원하는지 잘 찾아내는 분들이잖아요. 광고 제안을 받으면서 '이 콘텐츠를 소비자들이 소비할 만한가 보다.'라는 생각을 했어요. 그때 오프라인에서 하고 있던 센터들을 정리하고 콘텐츠에 집중하는 것으로 방향을 잡았죠."

오프라인 센터 운영보다 콘텐츠 제작이 가성비가 좋았다. 더욱이 운동하며 만난 사람들로 구성된 「올블랑TV」 팀이었기에 영상 제작이 더욱 수월했다. 운동 순서를 정하고 자리 이동을 맞춘 뒤에 바로 촬영에 들어가면 회의부터 촬영까지 30분도 걸리지 않았다.

K팝 뮤직비디오 콘셉트라고는 했지만 촬영 장비는 간소했다. 액션캠을 이용했고 삼각대도 없이 적당한 곳에 세워두고 촬영을 진행했다. 편집은 여주엽 대표가 직접 했다. 편집을 전혀 모른 채 시작했기에 공부해가는 시간을 포함해 한 편당 5시간 정도가 걸렸다.

이렇게 제작한 영상을 쌓아나가고 있을 때 코로나19가 닥쳤다. 집에서 하는 운동에 대한 관심이 더욱 높아졌고 그 영향으로 2019년 말에는 100만 명까지 구독자가 늘었다. 100만 명 중 한국 구독자는

8만 명밖에 안 될 만큼 글로벌 채널로 바로 성장했다. 그 후로도 6개월 만에 50만 명의 구독자가 추가로 찾아왔다. 코로나19로 인한 '홈트 열풍'은 예상치 못한 변수였지만 결과적으로는 채널 성장의 발판이 됐다. 여기서 주목할 만한 부분은 변수에 대처하는 여주엽 대표의 기민함이다.

「올블랑TV」의 여주엽 대표 (출처: 올블랑TV 제공)

"코로나19 상황이 되니 실내 콘텐츠에 대한 요구가 많아졌어요. 같은 공간에 있는 것처럼 느껴지는 걸 좋아하는 분들이 많으셨습니다. 그래서 실제 저희 집에서 촬영을 많이 했고 거기에 공감대가 형성돼서 해외 구독자들까지 많이 늘었어요. 그 시기에 화상으로 운동을 함께 하는 유료 세션을 만들었는데 지금까지 진행하고 있습니다."

이렇게 성장해 온 「올블랑TV」는 현재 ㈜올블랑으로 다양한 플랫폼에서 패션 채널, 자기계발 채널, 여행 채널 등 여러 채널을 운영한다. 이와 함께 MCN으로 소속 크리에이터들과 함께하고 크리에이터 교육도 진행한다. 회사 내에 임직원 15명(2023년 2월 기준)이 있고 매니지먼트사나 투자한 프로덕션 등을 합치면 약 50명이 함께 일하고 있다.

여주엽 대표는 회사를 성장시키며 다양한 콘텐츠를 만들어오면서 노하우를 정립했다. 그가 도달한 결론은 '결국 중요한 건 콘텐츠의 본질'이라는 것이다. 그는 콘텐츠의 본질을 '시장의 수요'라고 설명했다. 사람들이 보고 싶어 하는 것에서 시작해 차별화해나가야 한다는 것이다. 그는 시장의 수요를 데이터로 파악해 콘텐츠에 반영한다.

"저는 데이터를 분석해서 고객이 원하는 것을 계속 줬던 거예요. 운동 콘텐츠들을 기획할 때도 우리 사이트에 들어온 사람들의 입력 키워드를 파악해요. 예를 들어 사람들이 복근 운동을 좋아한다면 복근 운동에 대해 어떻게 검색하는지를 살펴보죠. 그걸 정리하고 조합하는 거예요. 그 핵심들을 콘텐츠에 담는 방식이에요."

데이터 분석을 기초로 하고 차별화를 더해라

● ● ●

시장의 수요에 맞춰 콘텐츠의 주제를 정한 다음에는 파악된 수요 안에서 더 주목을 받게 만드는 과정이 필요하다. 여주엽 대표는 이를 '계단 쌓기'라고 표현했다. 기본 바탕 위에 경쟁력을 하나씩 더해 쌓아나가야 한다는 얘기다.

여주엽 대표는 자신이 만든 여행 채널을 예로 들었다. 크리에이터 교육에서 주목받는 콘텐츠를 만드는 방법의 사례로 보여주기 위해 「올블랑TV」임을 밝히지 않고 만든 채널이다. 그는 여기서 첫 콘텐츠부터 40만 조회수를 기록했고 3개월 만에 단 12개의 콘텐츠로 채널 구독자 수 1만 명을 모았다.

"우선 여행을 주제로 잡았던 건 코로나19가 끝나가면서 부상하는 키워드가 여행이었기 때문이에요. 이렇게 데이터를 바탕으로 콘텐츠를 만든다는 것이 첫 번째 계단이라고 할 수 있어요. 거기에 저는 영어와 일본어를 할 수 있으니 현지인들과 교류가 되는 키워드로 검색이 잘 되는 소재를 잡는 걸 두 번째 계단으로 쌓아요. 그리고 저는 여러 유튜브 콘텐츠를 만들면서 길러온 컷 편집 감각이 있잖아요. 이걸 세 번째 계단으로 삼아요. 이런 식으로 계단을 쌓아가는 거예요. 저는 이런 계단을 7단계 정도 만들어야 한다고 생각해요. 그래야 희소한 콘텐츠가 되는 거죠. 제가 만난 성공한 크리에이터들은 하나씩 따져보면 다 이와 같은 경쟁력의 계단이 쌓아져 있어요."

「올블랑TV」 시작점이자 중심인 운동 콘텐츠도 같은 관점으로 접근한 결과물이다. 운동이라는 기본 바탕 위에 음악으로 흥겨움을 더하고 K팝 스타일의 카메라 움직임으로 단계를 더 쌓아나간 것이다. 거기에 국내외 관광지를 배경으로 삼고 비주얼이 좋은 사람을 출연시켰다. 직장인으로서 효과를 볼 수 있는 운동 루틴을 제시하는 것 또한 또 하나의 계단이 된다.

이 부분에서 빼놓을 수 없는 것이 크리에이터의 감각이다. 하나씩 계단을 쌓아나갈 때 추가적인 경쟁력은 남들이 볼 때도 장점으로 인정할 수 있는 것들이어야 한다. 주제와 관련된 시의성 있는 이슈와 자신만의 장점을 융합해야 한다. 이 때문에 관련 커뮤니티들의 동향을 파악하고 특정 시기에 맞는 정보들을 염두에 둬야 한다. 계단을 쌓는 것은 임의대로 마구 덧붙이는 것이 아니라 기초 위에 적합하게 쌓아올려 높게 만드는 일이다. 크리에이터는 콘텐츠 주제라는 기초에 맞춰 그에 더할 차별화 요소를 판단할 수 있어야 한다.

유튜브 알고리즘의 원리로 따져보면 여주엽 대표의 방법은 효과적이다. 유튜브는 채널의 초반 콘텐츠들을 신규 크리에이터 발굴 차원에서 조금 더 노출을 시켜주는 경향이 있다. 알고리즘상 해당 콘텐츠는 그 주제에 관심이 많은 사람에게 노출된다. 진행할 콘텐츠 분야를 처음부터 검색 트렌드를 바탕으로 잡았다면 더 많은 사람에게 초반 콘텐츠들을 보여줄 수 있다. 이때 차별화 요소가 눈에 띄면 사람들의 클릭을 일으키고 시청 시간이 길어질 것이다. 알고리즘은 이를 사람들의 선호로 이해하고 해당 채널의 콘텐츠를 더욱 많은 노출시킨다.

그 효과를 채널의 성장까지 이어지도록 만들려면 콘텐츠의 차별화 요소, 즉 계단의 구성에 일관성이 있어야 한다. 노출된 콘텐츠를 보고 유입된 시청자들은 그 차별화 요소에 매력을 느껴 채널을 살펴보고 있다는 점을 기억하자. 그 매력이 유지되지 않는다면 유입된 시청자들은 해당 채널을 구독할 이유가 없다. 후에 비슷한 주제의 채널이 많아져 다른 장르를 시도할 필요가 있더라도 기존의 기초 위에서 다른 요소를 융합시키는 방식으로 해야 한다. 여주엽 대표는 이를 '하이브리드 콘텐츠'라고 표현했다.

"시의성 있는 주제를 콘텐츠화했을 때 그것과 또 다른 경쟁력 있는 요소를 연결해 융합하면 좋은 콘텐츠가 돼요. 예를 들어 똑같은 스타일의 웹소설이 대량생산되는 시장에서 누군가는 거기에 판타지를 접목할 수도 있고 로맨스를 접목할 수도 있어요. 그게 하이브리드형 크리에이터죠."

스토리텔링은 모든 콘텐츠에 통하는 불변의 법칙이다

● ● ●

유튜브가 이미 레드오션이라는 말이 나오는 시대다. 대형 기획사나 연예인들까지 유튜브에 채널을 개설한 상황에 개인 크리에이터가 진입하기가 쉽지 않아 보이는 것도 사실이다. 그럼에도 '경쟁력의 계단'이 견고하면 크리에이터로 성공할 수 있을까? 여주엽 대표는 이에 대해 조금 다른 시각을 제시했다.

"여기(유튜브)에서 다음 플랫폼의 기회를 연습하는 것만으로도 가치가 있다고 생각해요. 파워 블로거들이 유튜브에서 인기 크리에이터가 되고 인스타그램 인플루언서가 유튜브 채널을 만들어서 성공하기도 했어요. 궁극적으로 크리에이터에게는 스토리텔링 능력이 있어야 합니다. 블로그라는 플랫폼에서도 글과 사진으로 스토리텔링을 할 줄 알았던 이들이 유튜브에서도 좋은 콘텐츠를 만드는 거예요. 그래서 파워 블로거였던 분들 중에 유튜브도 잘하는 분들이 많아요. 만약 메타버스 플랫폼이 활성화된다면 그 안에서의 콘텐츠를 만드는 방법이 나올 거예요. 그때도 스토리텔링으로 내 콘텐츠를 소비하게 만드는 능력은 동일하게 필요할 겁니다."

데이터를 바탕으로 기초를 닦고 그 위에 경쟁력 있는 요소를 쌓아올려 주목받는 콘텐츠를 만드는 과정도 이야기에 얼마나 매력을 더하느냐에 대한 고민이라는 점에서 결국은 스토리텔링 능력이다. 크리에이터로서 스토리텔링의 방식은 분야마다 다를 것이다. 요리 유튜버, 여행 유튜버, 운동 유튜버 등이 모두 같은 방식으로 경쟁력을 갖출 수는 없다. 각자의 정체성 위에서 트렌드에 맞는 주제를 갖고 주목받을 만한 스토리텔링으로 풀어갈 때 시청자들은 반응할 것이다. 미디어 리터러시 연구자 김성우는 텍스트가 할 수 있는 일을 영상도 훌륭하게 해낼 수 있지 않느냐는 의견에 대해 이렇게 말했다.

"그런 경우는 영상매체를 만드는 데 글이 녹아 들어간 경우로 봐야 합니다. 쉽게 말해 스크립트를 써서 완성도 있는 영상을 만든 거예요. 글이 기반이 된 영상매체인 것이죠. (…중략…) 영상이 막 뜨고 있으니까 이제 영상 능력을 키워줘야 되고 글은 됐다고 판단할 일은 아니라는 것이죠. 글도 많이 써보는 게 좋아요. 글이 갖는 특징과는 다른 영상만의 특징을 구현해내는 능력을 키우기 위해서라도요."[4]

이 같은 논의는 플랫폼과 관계없이 결국은 스토리텔링이 중요하다는 여주엽 대표의 논리와도 통한다. 우리는 유튜브에서 성공한 크리에이터를 볼 때 현재의 영상 트렌드로만 이해해서는 안 된다. 그들이 '경쟁력의 계단'을 어떻게 쌓았는지, 즉 어떤 스토리텔링으로 사람들이 콘텐츠를 보게 만들었는지를 주목해야 한다.

매력적인 콘텐츠를 만드는 스토리텔링은 콘텐츠의 형태나 플랫폼이 달라져도 언제나 중요할 것이다. 유튜브 영상으로 비상한 크리에이터라는 이름은 앞으로 어떤 시대적 변화에도 이어질 것이다. 크리에이터라면 그러한 변화 속에서도 자신의 콘텐츠로 주목받아야 하기 때문이다.

3. 명확한 정체성과 차별화가 필요하다

내가 만난 크리에이터들은 "시기에 맞는 트렌드를 파악해 시의성 있는 주제를 남다른 강점으로 스토리텔링해야 한다."라는 점을 강조했다. 이것은 우리가 흔히 아는 육하원칙의 '언제' '무엇을' '어떻게'와 일맥상통한다. 여기서 트렌드와 시의성 있는 주제는 크리에이터가 좌우할 수 있는 부분이 아니다. 자세히 관찰하고 세밀하게 분석해 적용해야 하는 영역이다. 크리에이터의 역량은 결국 '어떻게'에서 발휘된다.

이미 유튜브에는 수없이 많은 분야의 콘텐츠들이 쌓이고 있다. 사실상 완전히 새로운 분야를 개척하기는 어려워졌다. 분야의 특별함이 아니라면 같은 분야의 경쟁자들 사이에서 어떻게 주목받을 수 있을까? 이에 대한 답을 찾은 크리에이터들을 만날 차례다.

현장성을 더해 지식 분야 콘텐츠를 차별화하다

●●●

유튜브 채널 「지식인미나니」는 약 19.4만 명의 구독자(2024년 기준)가 보는 과학 교양 채널이다. 이 채널을 사람들이 구독하는 이유는 독특한 질문과 생생한 현장감이다. 채널 초기 영상에서 미나니는 스스로를 '괴짜 연구원'이라고 소개했다.

실제로 그의 주제들은 괴짜스럽다. '우주에서 꿀을 꺼내면 어떤 느낌일까?'라는 질문에 대한 답을 알아보는 내용의 콘텐츠로 1,000만 조회수를 넘겼다. 또 '세균과 바이러스가 소독약에 실시간으로 죽는 모습' '아나콘다가 사람을 먹으면 어떻게 될까?' 등의 콘텐츠로 50만에서 100만의 조회수를 이끌어냈다. 미나니의 이 같은 콘텐츠들은 그가 처음부터 과학 크리에이터 또는 과학 커뮤니케이터를 염두에 두고 영상을 만들기 시작하지 않았기 때문에 나올 수 있었다. 처음에 그는 그저 재밌는 영상을 만들어보겠다는 생각으로 시작했다.

"2016년 말 정도에 영상을 만들어 올리기 시작했는데요. 그때 제가 생화학과 미생물 같은 분야를 연구하는 연구실에 학부생 연구원으로 있었어요. 배우고 실험하면서 재미있다고 느낀 것들을 영상으로 찍어서 유튜브에 올렸는데 반응이 좋더라고요. 그때만 해도 과학 유튜버를 하겠다는 생각이 있었던 건 아니에요. 그냥 재미있는 걸 올린 건데요. 제가 있던 환경이 연구실이었을 뿐이죠."

연구실에서 촬영한 미나니의 영상은 사람들의 호기심을 자극했다. 특히 초기에 현미경을 이용한 콘텐츠를 많이 제작했다. 일상에서 쉽게 지나칠 만한 것들을 현미경으로 들여다보는 영상들이었다. 김칫

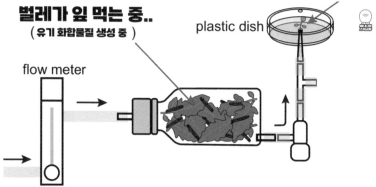

유튜브 채널 「지식인미나니」는 과학 교양 채널이다. (출처: 유튜브 캡처)

국에 유산균이 있는지, 시판 요구르트에 유산균이 있는지, 코딱지나 귀지를 자세히 보면 어떻게 어떤 모양인지 등을 100~1,000배 확대해 시청자들과 함께 확인했다. 이 같은 영상들에 사람들이 호응하면서 「지식인미나니」는 과학 채널로 자연스럽게 자리 잡았다.

이후 유튜브에 국내 채널들이 급속도로 늘어나고 과학 채널들도 많이 생기면서 미나니는 차별화 방법을 고민했다. 그가 대학을 졸업하고 2년간의 직장생활을 하던 시기다. 초기에는 이미지와 자막으로만 구성하던 영상에 내레이션을 추가했고 후에는 직접 실험하는 모습을 촬영해 넣었다. 더 나중에는 직접 얼굴을 보이는 것이 신뢰도를 높일 것으로 판단해 직접 출연하는 방식을 택했다. 현재는 거기서 한발 더 나아가 과학 이슈 현장을 직접 찾아가 취재하거나 체험하는 영상들을 제작하고 있다.

"과학 유튜버들을 비롯해 지식 채널들이 비슷비슷해지는 경향이 있어요. 자료화면을 보여주며 설명하는 영상들이죠. 물론 그렇게 해도 시의성 있는 이슈라면 조회수는 나와요. 저도 그렇게 해도 되는데 똑같이 하면 차별점이 없잖아요. 그래서 '현장으로 가는 유튜버'로 스스로 브랜딩을 하려고 노력을 많이 했어요."

실제로 유튜브 내에서 지식 교양 분야 채널의 경쟁은 치열해지고 있다. 유튜브가 2022년 8월 구글 포 코리아Google for Korea 행사에서 발표한 옥스퍼드 이코노믹스 보고서 「2021년 한국 내 유튜브의 경제·사회·문화적 영향력 평가」에 따르면 한국에서 유튜브 사용자 94%가 유튜브를 통해 정보와 지식을 수집한다고 답했다. 유튜브를 사용하는 부모의 83%가 자녀의 학습에 유튜브가 도움이 된다는 데 동의했다. 보고서는 학생, 학부모, 교사 사이에서 유튜브가 교육 영상을 시청하기 위한 플랫폼으로써 현재의 학습 환경에 긍정적인 도움이 될 수 있다는 인식이 점차 확대되고 있다는 분석도 덧붙였다.[5] 이 같은 내용은 유튜브에 수준 높은 지식 콘텐츠가 얼마나 많이 있는지 방증한다.

많은 지식 채널의 경쟁 속에서 미나니는 현미경 영상과 실험 영상의 생동감을 연구실 밖으로 가지고 나와 현장성 있는 채널이라는 차별점을 만들었다. 발전소, 반도체 연구소, 항공우주연구원 등과 협업해 현장에서 콘텐츠를 촬영했다. 현장 콘텐츠가 늘어나면서 연구 기관들의 제안이 늘어났고 현장 콘텐츠 제작이 한층 수월해졌다.

"기관들 입장에선 과학 관련 이슈를 홍보하려 할 때 유튜버를 찾잖아요. 그런데 대부분의 과학 유튜버들은 현장에 나가진 않거든요. 그때 「지식인미나니」 채널은 직접 오네?'라고 아시고 제안을 주시는 거죠. 이게 점점 더 알려져서 여러 곳과 협업을 할 수 있었어요. 각국 우주 기관들이 다 모이는 국제우주대회IAC, International Astronautical Congress도 다녀왔고 일본우주국도 갔어요. 미국 IBM도 다녀왔고요."

물론 자료화면과 설명만으로 이뤄진 콘텐츠에 비하면 현장을 직접 찾는 콘텐츠는 많은 시간과 노력이 필요하다. 미나니는 한국의 첫 달 탐사선 다누리호 발사 관련 콘텐츠를 예로 들었다. 이때 그는 4개월 동안 항공우주연구원으로부터 자료를 받으며 시나리오를 준비했다. 그리고 달 궤도 진입을 1개월 앞뒀을 때 연구원에 가서 영상을 촬영했다. 그렇게 준비한 콘텐츠를 다누리호 궤도 진입 성공이 발표되자마자 공개했다.

"남들은 절대 따라오지 못할 정도의 내용과 퀄리티로 콘텐츠를 만들고 싶어요. 내 채널에 올릴 내 영상이니까 그만큼의 애정이 들어가는 거죠. 살아남기 위한 거예요."

미나니는 현장 콘텐츠가 아닌 경우에도 생생한 화면과 정확한 내용을 위해 많은 시간을 쏟는다. 저작권 문제가 발생하지 않도록 자료화면을 구하고 해외 기사와 논문 등의 자료를 확인해 내용의 정확도를 높인다. 관련 연구원에게 내용 검토를 받을 때도 있다.

작업에 공을 많이 들이는 만큼 제작 시간은 오래 걸리는 편이다. 콘텐츠를 꾸준히 자주 올리는 것이 유튜브 채널 성장의 기본 원칙처럼 여겨진다. 하지만 미나니는 2주에 한 편 정도를 업로드한다. 대신 흥미로운 내용 위주로 쇼츠를 만들어 일주일에 한 편씩 올린다.

"쇼츠를 올리면서 구독자가 더 빨리 늘고 있어요. 쇼츠는 품

(출처: 미나니 제공)

이 많이 안 드니까 아무래도 부담이 적죠. 지금은 롱폼을 정말 공들여서 퀄리티 좋게 만들고 숏폼은 흥미 위주로 하는 형태로 나눠서 만들어요. 롱폼 콘텐츠는 계속해서 퀄리티에 집중할 생각이에요. 미니 사이언스 다큐멘터리로 만들어가려 해요. 다른 과학 유튜버들이 쉽게 하지 못하는 차별점을 계속해서 연구하려 합니다."

미나니의 콘텐츠들은 그의 호기심에서 시작됐다. 그 호기심은 미나니를 과학 이슈의 현장에 나가게 만들었고 그것이 채널의 차별점이 됐다. 그는 남들과 다른 콘텐츠를 어떻게 만들 수 있을지에 대한 답을 '남들이 가지 않는 현장'에서 찾았다.

오래전 한 사진기자에게 이런 말을 들었다. "가장 좋은 카메라는

현장에 있는 카메라다." 어떤 상황이 발생했을 때 그 현장을 찍는 것이 가장 중요하다는 얘기다. 이때 카메라의 기종이나 성능은 중요하지 않다. 사람들에게 중요한 것은 사진의 정밀도가 아니라 사진에 담긴 현장성이다.

세상의 원리를 확인하고 증명하는 것이 과학이다. 따라서 과학에 관심을 가지고 유튜브에서 과학 콘텐츠를 보는 사람들이라면 정확성과 생생함에 끌리는 것이 당연하다. 미나니의 차별화 전략은 이들의 요구에 정확히 부합한다.

소규모 타깃이 원하는 분야를 선점해서 주목받다
● ● ●

미나니는 과학 분야의 특징이 잘 반영된 방식으로 차별점을 만들어냈지만 이러한 방식을 일반적으로 적용할 수는 없다. 크리에이터의 해석과 설명이 핵심인 콘텐츠들이라면 어떨까? 영화나 드라마 리뷰 영상이 그렇고 해외 팬들에게 인기가 많은 K팝 리액션 비디오들도 이에 해당한다. 다양한 관심 분야에 대해 소개하고 설명해주는 콘텐츠들도 여기에 속한다고 할 수 있다. 이러한 콘텐츠의 경우 비슷한 자료화면을 사용하기에 화면 자체의 차별화가 쉽지 않다.

앞서 「리월드」의 사례에서 언급했던 '이미 성공한 방식을 그대로 따라서 하는 것만으로 유튜브에 안착할 수 없다'는 점을 기억하자. 크리에이터라면 자신의 분야에서 현재에 맞는 방법을 찾아내야 한다.

유튜브 채널 「안협소」는 협소 주택을 탐방하는 콘텐츠로 시작됐다. 현재는 주택 관련 콘텐츠보다 일본의 사회와 문화를 알아보는 다양한 이야기를 주된 콘텐츠로 다루고 있다. 「안협소」 채널에서 가장 눈에 띄는 부분은 구글 위성 지도를 활용한 현장 이미지다. 일본의 여러 이슈를 다루면서 구글 위성 지도로 사건의 현장을 보여준다. 사건이 일어난 주택가를 위성 지도로 찾아가 보거나 중요한 이슈와 관련된 공간을 보여주는 방식이다. 이를 통해 이야기에 신빙성을 높이고 실제로 찾아가는 듯한 생동감을 전한다. 이로써 콘텐츠로 다룬 이야기를 주택, 건축물 등과 연관지어 채널의 최초 정체성을 최소한이라도 유지하는 효과도 생긴다.

「안협소」 채널은 구글 맵을 활용한 '랜선 탐방'에 대해 "콘텐츠 성격을 바꾸면서 다른 사람이 하지 않는 것을 해보자는 생각으로 시도했다."라고 설명했다. "일본 이야기를 하는 것으로 방향을 잡았는데 비슷한 채널이 이미 많았어요. 남들이 하지 않는 유일무이한 걸 한번 해보자고 생각했죠. 그때는 구글 지도를 활용해서 하는 분들이 많이 없었거든요. 사실 콘텐츠를 만들 때마다 일본을 갈 수는 없잖아요. 그래서 이미지만 띄워놓고 하는 분들이 많았는데요. 저는 직접 찾아가 보자는 생각을 한 거죠. 그때 '랜선 여행'이라는 말들이 나오기 시작했을 때여서 그런 방식으로 건축물을 보면서 이야기를 해보자는 아이디어를 떠올렸어요. 그걸 많은 분이 재미있다고 해주셔서 콘텐츠의 변화를 가져가면서도 성장할 수 있었던 것 같아요."

「안협소」 채널은 2023년 기준 32만 5,000명 정도의 구독자가 시청하고 있다. 처음 시작했던 협소 주택 소개에서 콘텐츠의 방향이 바뀌었음에도 많은 구독자가 구독을 이어갔다. 이야기의 주제는 달라졌지만 건축물 탐방이라는 연결 고리가 유지됐기 때문이다.

유튜브 채널 「안협소」는 협소 주택을 탐방하는 콘텐츠로 시작됐다. 현재는 주택 관련 콘텐
츠보다 일본의 사회와 문화를 알아보는 다양한 이야기를 주된 콘텐츠로 다루고 있다.
(출처: 유튜브 캡처)

「안협소」 채널은 운영자가 스스로 협소 주택을 지으면서 시작됐
다. 게임 개발자인 그는 일본에서 일할 기회가 있었다. 일본에서 일
하면서 작은 땅에 층수를 올려 짓는 방식의 집에 매력을 느꼈다. 바
로 협소 주택이었다. 그는 일본에서 협소 주택을 지으려 했다. 하지
만 아내의 반대로 한국에서 주택을 짓기로 하고 한국으로 돌아왔다.
한국에 돌아온 안협소는 땅을 보러 다니고 경매에 도전했으나 주택
을 지을 만한 곳을 찾기는 쉽지 않았다. 서울에서 땅을 살 자금은 부
족했고 수차례 시도한 경매에서는 번번이 실패했다.

어렵게 급매로 나온 땅을 구입했지만 그다음부터는 시공이 문제
였다. 예산도 부족했지만 한국에서 협소 주택 건축에 적합한 시공사
를 찾기도 어려웠다. 안협소는 일본에서 집을 지으려 계획했을 때 공
부했던 지식을 바탕으로 직접 자재를 구하고 공사를 이끌어서 집을
지었다. 건축 설계만 전문가에게 의뢰했다. 2017년 3월에 집을 짓기

시작해 2018년 10월에 완공됐다.

이렇게 우여곡절 끝에 집을 지은 경험이 「안협소」 채널의 콘텐츠가 됐다. 2019년 8월부터 채널에 자신의 집 소개를 위주로 콘텐츠를 올리기 시작했다. 협소 주택의 장점과 단점 그리고 집 구조 등으로 시작해 협소 주택과 관련된 정보들로 조금씩 확장해나갔다. 땅을 구하는 방법과 대출 관련 조언 등 협소 주택을 짓고자 하는 이들에게 실질적인 도움이 되는 정보를 콘텐츠에 담았다. 이와 함께 여러 곳의 협소 주택이나 건축 현장을 찾아가 직접 살펴보는 콘텐츠들도 쌓아나갔다. 이 시기에 협소 주택을 다루는 채널이 없었기에 주택 건축에 관심이 있는 사람들을 중심으로 「안협소」 채널은 빠르게 성장할 수 있었다.

「안협소」 채널은 많은 사람이 좋아하는 주제가 아니더라도 소규모 타깃이 원하는 분야를 선점한다면 주목받을 수 있다는 것을 보여줬다. 대형 채널에 비해 적은 숫자라도 충성도 높은 구독자들을 가지면 탄탄한 채널을 만들 수 있다. 안협소는 구독자 수가 5,000명일 때 첫 브랜디드 영상으로 수익을 냈고 그 후로 장비들도 협찬을 받아 영상 품질도 높였다. 구독자 수가 많지 않더라도 '협소 주택'이라는 주제가 명확했기에 차별화할 수 있었던 것이다.

콘텐츠의 주제를 전환하되 정체성은 유지한다
● ● ●

「안협소」 채널은 이후 셀럽들의 저택이나 세계의 특이한 건축물 등을 다루는 콘텐츠의 비중을 늘려가다가 일본 사회 문화 이야기를 주된 콘텐츠로 다루고 있다. 그 과정에서 기존 협소 주택 콘텐츠를 보고자 구독했던 이들이 많이 이탈하면서 구독자 수가 줄기도 했다. 하지만 사람들이 궁금할 만한 이슈를 잡아내며 클릭을 유도했고, 구글 위성 지도를 활용한 '랜선 탐방' 방식은 기존 주택 탐방 콘텐츠를 좋아하던 이들에게도 좋은 반응을 얻었다. 주제는 달라졌지만 그만의 스토리텔링 방식은 통했던 것이다.

그의 다양한 일본 이야기는 지역과 건축물을 바탕으로 하면서도 흥미를 자극할 만한 내용이었다. 일본의 독특한 건축물부터 미제 사건의 현장, 미스터리한 이야기가 있는 건물, 우리가 이해하기 어려운 문화를 엿볼 수 있는 공간 등을 지도로 보여주며 설명했다. 일본 문화에 대한 이해와 현재의 일본 사회 이슈에 대한 조사가 뒷받침되지 않으면 불가능한 콘텐츠들이다.

"저는 중학교 때부터 일본 문화에 관심이 많았어요. 그때 일본 문화 관련 정보를 찾으려면 일본어로 검색해야 해서 일본어를 독학으로 공부했거든요. 그러면서 일본어로 정보를 찾는 능력이 자연스럽게 갖춰진 것 같아요. 저는 지금 일본에 살고 있는 게 아니기 때문에 경험보다는 자료 조사를 해서 내용을 준비해야 합니다. 커뮤니티 같은 곳에서 나오는 얘기를 보고 그 대화에 끼어들기도 하고, 그 내용을 기사라든가 신뢰할 만한 자료로 팩트 체크를 하면서 보완하고 그러죠. 사건 관련된 내용이면 판결문도 다 찾아봐요."

주제가 달라졌음에도 여전히 구글 지도를 활용해 건축과 공간에 대한 연결성을 가지고 가는 것은 「안협소」 채널만의 특이점으로 받아들여진다. 댓글들 중에는 '무엇이든 건축물로 연결시키는 장인'이라는 반응도 많다. 전혀 상관없어 보이는 이야기도 결국은 건축과 공간을 살펴보는 것으로 이어지기 때문이다. 예를 들어 일본 초등학생들이 매는 '란도셀'에 대한 콘텐츠에서는 일본 왕실 자녀들이 다닌 학교를 살펴보고 일본 '푸드 파이터'를 다룬 콘텐츠에서는 제한 시간 안에 음식을 다 먹는 도전 이벤트가 있는 식당들을 찾아가 보여준다.

"유튜브에서는 한 가지 주제로 해야 가장 유리하잖아요. 사실은 콘텐츠 방향을 바꾼 뒤에 억지로 건축이라는 주제를 끼워 맞추고 있는 거예요. 그래서 그런 구성이 나오는 건데요. 많은 시청자가 이걸 특이하다고 생각하시더라고요. 그리고 사건사고가 발생했던 건축물 같은 경우도 해당 사건이 벌어진 건물을 보면서 이야기하니까 더 몰입하는 것 같아요. 그런 면들을 좋게 봐주셔서 내용을 더 다양하게 다루어보자는 생각을 하고 있습니다."

협소 주택 콘텐츠로 시작해 채널의 기반을 만들고 채널의 방향성을 바꾸면서도 이전의 기반이 유지될 수 있도록 연결했다. 「안협소」 채널은 앞서 다른 사례들에서도 살펴봤던 '명확한 정체성'과 '콘텐츠 융합'이 다른 방식으로 구현된 형태라고 볼 수 있다. 여기에 구글 지도를 활용한 새로운 표현법으로 사람들에게 몰입감을 더했다. 「안협소」 채널만의 스토리텔링은 그래서 특별했고 협소 주택 콘텐츠부터 일본 문화 콘텐츠까지 이어서 사람들의 주목을 받을 수 있었다.

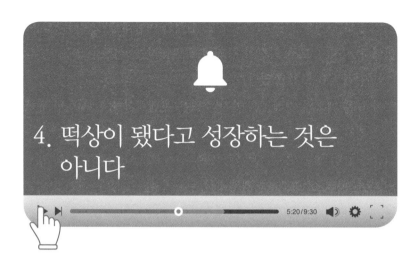

4. 떡상이 됐다고 성장하는 것은 아니다

인간은 일곱 가지 힘에 사로잡힌다

● ● ●

광고인 출신 브랜딩 컨설턴트 샐리 호그셰드는 인간이 매혹되는 일곱 가지 기제를 욕망(쾌락에 관한 기대), 신비(호기심), 경고(결과에 대한 위협), 명성(성취의 상징), 힘(지배력), 악덕(일탈), 신뢰(확실성과 안정성)로 정리했다. 이 일곱 가지 보편적인 기제들은 감정적, 물리적, 지적 집중력 등 다양한 반응을 촉발한다.[6]

이 정의들은 크리에이터 콘텐츠에서도 유의미하다. 음식을 먹는 먹방은 욕망을 자극하고 우주과학 콘텐츠는 호기심을 자극한다. 최근 유명 연예인들이 유튜브에서 자신만의 채널을 개설해 급속도로 구독자를 확보하는 것은 명성에 의한 것이며 자극적인 행위나 성적인 노출로 인기를 끄는 이들은 일탈 심리를 이용하는 것이다. 크리에이터와 시청자 모두 인간이 무엇에 끌리는지는 (이론적으로는 모르더라도) 감각적으로 알고 있다.

이 같은 매혹의 기제들을 가진 수많은 콘텐츠가 유튜브 화면 위에서 경쟁하고 있다. 사람들의 눈길을 끌어 클릭을 유도하고 시청 지속 시간을 늘려 좋은 콘텐츠로 인식돼야 유튜브 알고리즘에 의해 채널의 다른 콘텐츠들도 노출 경쟁에서 우위에 설 수 있다. 어떤 콘텐츠가 주목받고 어떻게 채널 구독까지 이끌어 채널을 성장시킬 수 있을지를 살펴보자.

주목받을 수 있고 일관되며 스토리가 있는 채널이 뜬다

● ● ●

경쟁에서 앞서나간 크리에이터들의 경험과 유튜브 알고리즘의 원리를 참고하면 주목받는 콘텐츠와 채널 성장에 필요한 요소를 세 가지로 요약할 수 있다. 첫째는 주목받을 만한 주제(분야), 둘째는 주제의 일관성을 유지하는 확장, 셋째는 개성 있는 스토리텔링이다.

주목받을 만한 주제 또는 분야는 5장에서 다룬 '좋아하거나 계속하고 싶은 일'과 조금 다른 의미다. 좋아하는 분야를 다루더라도 그것의 세부 내용에서는 기존 콘텐츠들에 대한 반응이나 검색량 데이터 등을 충분히 활용해서 정해야 할 필요가 있다. 크리에이터로서의 경쟁력을 가지려면 단순히 인기 있는 분야를 선택하거나 하고 싶은 대로 해서는 안 된다.

「리월드」는 아이와 함께하는 키즈 콘텐츠를 준비하면서도 기존의 인기 콘텐츠를 벤치마킹하여 세계 어느 문화권의 아이들이라도 공감할 수 있는 놀이와 리액션을 주된 콘텐츠로 삼았다. 「올블랑TV」는 데이터를 바탕으로 전략을 세워 K팝 문화와 실내운동을 접목했다. 「안협소」 채널은 협소 주택이라는 희소한 콘텐츠를 내세워 이제껏 없는 콘텐츠를 제공했다. 수없이 많은 콘텐츠가 시공간을 초월해 경쟁하는 유튜브에서 '주목 경쟁'을 피할 수는 없다. 콘텐츠가 경제적 가치를 가질 수 있는 유일한 방법은 사람들의 주목을 받는 것이라는 사실도 부정할 수 없다. 크리에이터는 나의 콘텐츠가 어떤 면에서 주목받을 만한지 판단해야 한다.

콘텐츠가 주목받는다고 해서 크리에이터로 안착할 수 있는 것은 아니다. 유튜브 이용자들 사이에서 흔히 '떡상'이라고 불리는 갑작스러운 흥행이 반드시 채널의 성장으로 이어진다고 볼 수는 없다. 크리에이터로서는 주목받는 콘텐츠를 만드는 것이 중요하다. 하지만 그 콘텐츠를 통해 구독자들을 유입시키고 계속해서 그들에게 영향력을 끼치는 것이 더 중요하다. 이를 위해 필요한 것이 일관성이다. 한 개의 콘텐츠를 보고 그에 매력을 느껴 채널까지 살펴보도록 만들고 채널 내 다른 콘텐츠들도 자신의 관심사 또는 취향에 맞는다고 느끼도록 만들어야 한다.

채널의 일관성은 유튜브 알고리즘에서도 중요한 부분이다. 유튜브는 노출시킨 콘텐츠에 사람들이 어떻게 반응하는지를 살피고 개인별 반응에 따라 각자에게 다른 콘텐츠들을 추천한다. 만약 기존에 추천한 영상과 새로 추천한 영상이 전혀 다른 주제와 표현 방법을 가지고 있다면 사람들은 연결된 반응을 보이지 않을 확률이 높다. 또 영상마다 주제와 표현이 다르다면 유튜브 또한 해당 채널을 신뢰하지 않을 것이다. 유튜브 알고리즘은 구체적으로 공개되지 않지만 그 복잡한 알고리즘의 목적은 분명하다. 시청자들이 더 오랜 시간 유튜브에 머물고 더 다양한 취향의 이용자를 끌어들이는 것이다. 알고리즘은 이를 위해 설계되어 있다. 따라서 유튜브에게 필요한 것은 '다양한 분야를 다루는 채널'이 아니라 '시청자의 취향을 충족시키는 다양한 채널'이다.

채널의 구독자 범위를 확장시키고 트렌드 변화에 대응하고자 콘텐츠에 변화가 필요하다고 하더라도 일관성은 유지해야 한다. 구독자들이 기대했던 기본 바탕은 유지하면서 새로운 요소를 융합시키는 방법을 찾아야 한다. 「지식인미나니」 채널은 실험실 콘텐츠에서 과학 이슈 현장을 찾아가는 콘텐츠로 더욱 생생한 영상을 전하는 방향으로 진화했고 「안협소」 채널은 콘텐츠의 내용을 바꾸면서도 구글 지도를 활용해 건축물과 공간을 보여주며 최소한의 일관성을 유지했다.

세부 주제와 일관성 있는 운영과 함께 필수적인 요소가 스토리텔링이다. 개성 있는 스토리텔링이 준비되지 않으면 특출난 콘텐츠는 만들어질 수 없다. 연예인이나 유명 학자 또는 정치인들이라면 그 명성만으로 경쟁력이 된다. 그러나 개인 크리에이터로서 경쟁력을 가지려면 자신만의 개성이 콘텐츠로 나타나야 한다. 「올블랑TV」 여주엽 대표가 표현했던 '경쟁력의 계단'을 다시 떠올려보자. 크리에이터로서 남과 다른 점, 즉 다른 콘텐츠와 차별화할 수 있는 강점을 살려 경쟁력을 쌓아올려야 한다.

「리월드」의 경쟁력은 철저한 벤치마킹, 아이가 적극적으로 참여하며 즐거워하는 모습, 그리고 본인이 망가져가며 아이를 웃기는 연기 등이었다. 「올블랑TV」는 직장인으로서 효율적인 운동을 했던 경험을 살려 K피트니스라는 콘셉트로 K팝 스타일의 화면 움직임과 마치 안무처럼 따라 할 수 있는 운동 프로그램을 제시했다. 안협소는 일본어 능력으로 일본 커뮤니티부터 기사는 물론이고 전문자료까지 살펴보는 자료 조사를 거친 뒤 구글 지도를 활용해 현장을 보여주며 설명한다. 각각 여러 단계의 경쟁력 요소를 쌓아올려 개성 있는 스토리텔링 방법을 적용하고 있다. 앞에서 살펴본 요소들을 적용해보면 기업이나 기관의 유튜브 채널은 주목받는 콘텐츠가 나오기 어려운 환경이다. 채널 성장이 더딘 것도 당연해 보인다.

공공기관의 경우 콘텐츠 타깃을 '전 국민' 또는 '2030세대' 등 포괄적으로 설정해 제작사에 연간 수십 편의 콘텐츠 제작을 의뢰하는 것이 관례처럼 되어 있다. 수십 편의 콘텐츠를 또 여러 장르로 나누고 영상의 성격도 진지한 강의 콘텐츠부터 콩트 스타일의 애니메이션까지 폭넓게 요구한다. 관심사나 취향을 기준으로 한 명확한 타깃이 없으니 세부적인 주제나 분야를 결정할 수 없다. 일관성 없이 많은 양의 콘텐츠를 쏟아내니 해당 콘텐츠들이 알고리즘을 타고 추천될 수도 없다. 아무리 눈에 띄는 섬네일 디자인과 제목을 내건다고 해도 애초에 노출이 되지 않으면 이용자의 클릭을 유도하기 어렵다.

유튜브 채널은 과거 TV 채널처럼 시간대별로 다양한 콘텐츠를 제공하는 종합 채널이 아니다. 크리에이터가 하는 채널 안에서의 편성은 콘텐츠를 기다리는 구독자와의 약속일 뿐 다양한 콘텐츠를 분리해서 송출하는 것과는 전혀 다른 개념이다. 다양하게 많을수록 많은 시청자에게 전달될 것이라는 착각에서 벗어나야 기업이나 기관의 채널들은 성장할 수 있을 것이다.

이번 장을 시작하면서 '주목 경제'를 살펴봤다. 크리에이터 콘텐츠가 많아지면서 주목 경쟁도 더욱 치열해졌다. 「안협소」 채널이 희소한 정보를 공유하며 시작하여 초기에 충성도 높은 구독자들을 확보했던 것처럼 여기서 말하는 주목은 단순한 유행을 말하지 않는다. 김난도 교수는 저서 『트렌드 코리아 2023』에서는 '평균 실종'을 오늘날의 키워드 중 하나로 꼽으며 평균주의를 지나 개개인성의 시대를 맞이해야 한다고 설명한다. 정규분포로 상징되는 기존의 대중 시장이 흔들리면서 대체 불가능한 탁월함, 차별화, 다양성이 필요한 시장으로 바뀌고 있다는 것이다.[7] 대중 시장이 아니라 개인의 취향과 관심에 중점을 두고 대체 불가능한 탁월함과 차별성을 가져야 한다. 그 사실을 주목받는 콘텐츠를 만드는 크리에이터들은 이미 알고 적용하고 있었다.

7장

어떻게 구독자를 팬으로
바꿀 것인가

Creator Initiative

● 지금까지 우리는 사람들에게 주목받는 콘텐츠에 대해 알아봤다. 크리에이터의 가치는 얼마나 많은 사람에게 영향력을 미치느냐로 결정된다. 이는 사람들이 크리에이터의 콘텐츠를 보게 만드는 데에서 시작되기 때문이다. 여기서 반드시 짚어야 할 부분이 있다. 앞서 크리에이터의 개성이 담긴 스토리텔링을 강조했듯이 크리에이터 콘텐츠에서는 개인의 매력이 중요한 요소다. 즉 크리에이터 자신이 콘텐츠가 되어야 한다.

크리에이터의 매력은 외모일 수도 있고 목소리나 태도일 수도 있다. 또는 그의 명성이나 전문성일 수도 있다. 그것이 무엇이든 사람이 끌리는 요소라면 모두 크리에이터의 매력으로 작동한다. 그 매력에 끌리는 사람들이 시청자에서 팔로어가 되고 팬으로 자리 잡는다.

안정기 구글코리아 유튜브 파트너십 부장과 박인영 사이버한국외국어대학교 교수의 공저 『크리에이터 이코노미』에서는 팬을 크리에이터 산업에서 가장 중요한 것이라고 설명한다. 소수일지라도 나를 지지해 주는 팬들을 확보하는 것이 핵심이다. 나를 적극적으로 지지하고 내가 만드는 콘텐츠에 지갑을 열 수 있는 팬들이 있다면 누구나 전업 혹은 부업으로 크리에이터가 될 수 있다는 것이다.[1] 팬은 크리에이터 활동의 목적이자 활동을 지속할 수 있도록 해주는 기반이다(크리에이터 산업에 대해서는 수익화와 지속가능성을 알아보는 9장에서 자세히 알아볼 것이다).

크리에이터는 대중매체의 연예인이 아니다. 최근에는 크리에이터가 방송에 출연하는 경우가 잦아지고 있다. 하지만 그렇다고 해도 K팝 아이돌이나 유명 배우와는 포지션이 다르다. 수백만 구독자를 가진 크리에이터라고 해도 유명 아이돌 멤버의 인지도를 넘어서지는 못한다. 유명 배우라면 그의 작품을 많이 보지 않았더라도 많은 사람이 그 배우를 알아본다. 하지만 크리에이터는 그의 콘텐츠를 챙겨보는 팔로어가 아니라면 길에서 알아보는 사람이 많지 않다. 이는 유튜브 또는 기타 크리에이터들이 활동하는 플랫폼들이 시청자 개인에게 최적화해 콘텐츠를 노출시키는 특성에 기인하기도 하지만 기본적으로 팬 집단이 형성되는 과정에서의 차이가 크다.

TV에서 볼 수 있는 연예인은 시청자들에게 감상의 대상이자 동경의 대상이다. 나와 같은 세상을 살고 있는 사람으로 인식하기보다 특별한 대상으로 여긴다. 이러한 인식이 전제되어 있기에 이를 뒤집어 연예인의 일상을 보여주는 프로그램이 인기를 끄는 것이다. 크리에이터는 이와 달리 시청자들에게 동질감과 유대감을 느끼게 해준다.

채널이 성장하기 전부터 크리에이터의 콘텐츠를 챙겨 보고 댓글을 쓰는 시청자들은 크리에이터의 영향력이 커지면 함께 성장하는 것처럼 느낀다. 많은 구독자를 확보한 크리에이터들의 콘텐츠를 볼 때면 나보다 영향력 있는 사람과 같은 눈높이에서 소통한다는 쾌감을 느끼기도 한다.

시청자들의 이 같은 경향은 최근 TV 콘텐츠의 '연반인' 트렌드에서도 찾아볼 수 있다. 연반인이란 연예인과 일반인을 합친 말로 연예인처럼 방송에 나오지만 연예인이라고 할 수는 없는 이들을 뜻한다.[2] 커플 데이트 프로그램이나 서바이벌 프로그램에 출연해 주목받는 이들이 여기에 속한다. 연반인은 시청자들에게 '연예인보다는 가깝고 나보다는 특별한' 사람으로 인식된다. 연예인이 실제로 마주칠 수 없는 집단의 사람들이라면 연반인은 어딘가에서 한 번쯤 마주칠 만한 사람들의 이미지를 준다. 비연예인을 출연시키는 프로그램에서 출연자의 직업이나 출신 지역 등을 표시해 소개하는 것은 이 같은 이미지를 강화하기 위함이다.

주변에 있을 것 같지만 나보다는 특별한 사람이라는 연반인의 포지션은 크리에이터와 크게 다르지 않다. 연반인 트렌드 자체가 크리에이터와 관련이 있다고 보는 시각도 있다. 문화평론가 정덕현은 미디어에 대한 대중의 달라진 인식을 연반인 트렌드의 한 요인으로 봤다. 그는 "유튜버같이 일상적으로 영상을 대하고 직접 찍기도 하고 때로는 채널을 운영하는 것이 그리 어려운 일이 아니다. 현시대 방송은 더 이상 연예인들만의 전유물이 될 수 없다고 대중은 생각한다."라고 설명한다.[3]

이처럼 연반인 트렌드의 핵심은 시청자와의 심리적 거리감이다. 시청자들은 연예인과 달리 평범하게 직장을 다니고 거리를 걷는 사람들이라는 이미지 때문에 친근함을 느낀다. 크리에이터에 대한 팔로어들의 감정도 이와 유사하다. 따라서 크리에이터는 시청자들에게 더 친근하게 다가가야 하고 직접적인 관계를 맺고 있다고 느끼게 해야 한다. 라이브 방송 중 시청자들이 올리는 댓글을 보며 대화하는 방식의 토크 콘텐츠가 인기 있는 이유다. 구독자들로부터 질문을 받아 답하는 질의응답Q&A 콘텐츠도 마찬가지다.

연예인이나 유명 인사가 주로 출연하는 TV와 크리에이터들이 중심인 온라인 방송의 가장 큰 차이로 시청자와의 소통이 꼽히는 것은 이 같은 배경에서 당연한 일이다. 크리에이터들은 구독자들과의 거리감을 좁혀 충성도 높은 구독자, 즉 팬으로 만들기 위해 노력한다. 유튜브 채널 개설 초기에 댓글마다 답변을 달아줘야 한다는 방법론도 같은 맥락에서 나온 얘기다.

그러나 채널이 성장하기 시작하면 댓글을 통한 소통은 한계에 부딪힌다. 크리에이터로 자리를 잡은 이들의 채널에는 수백 개에서 많게는 1,000개 넘는 댓글이 달린다. 이에 모두 답을 하는 것은 현실적으로 불가능하다. 「포브스코리아」가 선정한 '2022년 대한민국 파워 유튜버' 상위 30개 채널의 평균 구독자 수는 517만 명이다.[4] 이렇게 많은 구독자와 친근하게 소통하는 일은 절대 쉽지 않을 것이다.

그럼에도 불구하고 크리에이터가 팬을 만들고 유지하려면 소통은 필수적이다. 크리에이터들은 어떻게 팬들과의 거리를 좁히고 있을까? 그들의 소통 방법과 팬들을 위한 노력을 알아보자.

1. 구독자를 팬으로 만들어야 성장한다

5:20/9:30

소통하며 발전해나가는 모습으로 마음을 사로잡다

●●●

뷰티, 다이어트, 브이로그 등의 콘텐츠로 「한나 코레아나Hanna Coreana」 채널을 운영하는 한나는 주로 스페인어로 콘텐츠를 제작한다. 멕시코와 페루 등 중남미 국가 시청자들을 대상으로 하기 때문이다. 페루인 어머니와 한국인 아버지 사이에서 태어나 중학생 때 한국에서 페루로 이민 갔기에 한국어와 스페인어를 모두 능숙하게 구사한다. 한나는 한국과 다른 남미권 시청자들의 특징으로 소통을 좋아한다는 점을 꼽았다.

"저는 사실 한국에서 살다가 이민 간 거라 문화적으로는 한국인이라고 봐야 해요. 그래서 문화 차이를 이해하려는 노력을 많이 했어

「한나 코레아나」의 한나 (출처: 유튜브 캡처)

요. 제가 배운 것 중 하나는 남미 시청자들은 직접적으로 소통하는 걸 좋아한다는 거였어요. 예를 들어 한국에서는 잔잔한 브이로그나 자막만 들어가는 설명 영상 같은 콘텐츠들도 인기가 많잖아요. 남미는 달라요. 소통하는 느낌이 나는 걸 좋아하고 말 많은 걸 좋아해요. 말없이 잔잔히 음악 깔고 진행하는 영상보다 그냥 제가 나와서 몇십 분 동안 수다 떠는 걸 더 좋아하더라고요."

「한나 코레아나」 채널의 구독자는 2024년 기준 114만 명이다. 다른 크리에이터들도 그렇듯 한나도 이제는 댓글에 하나씩 답을 달지는 않는다. 댓글을 읽었다는 표시로 하트(댓글에 좋다는 의미로 반응하는 버튼)를 눌러주는 정도다. 한나는 유튜브에서 직접 대화를 주고받지는 못하지만 다른 플랫폼들을 적극적으로 활용해 팬들과의 거리를 좁히고 있다.

"전에는 라이브 방송도 자주 했는데 바빠지다 보니까 그것도 쉽지 않더라고요. 저는 인스타그램 스토리를 많이 쓰는 편이에요. 매일 제 일상을 공유하죠. 오늘은 어디를 갔고 어떤 걸 먹었고 누구를 만났고 하는 내용들을 스토리에 올려요. 그러면 구독자들이 제 인스타그램을 보고 제 생활을 아는 거죠. 또 틱톡에 숏폼을 올려서 제 모습을 보여드리기도 하고요."

한나의 인스타그램 팔로어는 23만 명 정도이고 틱톡 팔로어는 140만 명이 넘는다. 그의 말대로 인스타그램 스토리는 거의 실시간으로 업로드된다. 틱톡 숏폼 콘텐츠는 3일에 한 편 정도를 올린다. 유튜브 콘텐츠를 2주에 한 편꼴로 올리는 것에 비해 업로드 횟수가 많다. 유튜브가 정돈된 콘텐츠로 채워져 있다면 인스타그램과 틱톡은 일상 그대로의 한나를 보여준다.

현재는 유튜브 114만 구독자의 크리에이터다. 하지만 그는 크리에이터로서 계획을 세우고 활동을 시작하지 않았다. 별 생각 없이 취미라고 생각하고 올렸던 영상에 달린 댓글이 이후 꾸준히 크리에이터로 활동하는 계기가 됐다.

"처음 영상을 만든 건 2019년이었어요. 생일 선물로 카메라를 받았는데요. 제가 요리하는 걸 좋아해서 요리하는 모습을 찍어서 올려봤죠. 그런 일상을 찍어서 스페인어로 제목을 붙여 업로드했는데 한참 뒤에 들어가보니까 댓글이 달려 있더라고요. 그게 너무 신기했어요. 사실 지금은 그때의 영상을 보지 않는데 그래도 지우지는 않았어요. 제가 성장해 온 과정을 보여주는 영상들이라서요. 그리고 나서 2020년에 코로나19 때문에 집에만 있다 보니까 영상을 꾸준히 찍어서 올리는 게 루틴처럼 됐어요. 그때 채널이 많이 성장했죠."

'뷰티·헬스·라이프스타일'이라는 채널의 성격도 시청자들의 의견이 반영된 결과다. 이것저것 마음대로 영상을 올리던 초기에 반응이 좋았던 영상과 댓글로 요청이 있는 콘텐츠에 집중하다 보니 지금의 채널로 자리를 잡았다. 시청자들의 의견을 들으며 함께 커간 '성장형 크리에이터'인 셈이다.

"좋아하는 것들이 너무 많아서 되게 다양한 영상들을 만들었어요. 그림도 그리고, 악기 연주도 하고, 노래도 하고. 저조차도 제 채널이 무슨 성격인지 모를 정도로 문어발처럼 다 했는데 그중에 뷰티 영상들 반응이 좋더라고요. 스킨케어나 메이크업 같은 영상들이요. 그리고 댓글 중에 '운동 루틴 좀 알려달라.'라는 얘기가 있어서 한번 찍어 봤는데 그 영상이 크게 터졌어요. 그때 구독자들 유입이 많이 됐죠."

그가 '터졌다.'라고 표현한 운동 콘텐츠는 삼각대 하나에 스마트폰 카메라를 세워놓고 찍은 영상이다. 편집 작업에는 처음 시작할 때부터 지금까지 무료 편집 프로그램인 '아이무비'를 이용하고 있다. 메이크업 영상을 만들면서도 조명을 잘 사용하지 않고 자연광을 활용하는 경우가 많다. 주변에서 "그 정도 채널에서 그렇게 소규모로 하는 사람이 있을까?"라고 물어볼 정도다.

이 부분에서 「한나 코레아나」 채널의 성장을 눈여겨볼 만하다. 치밀한 전략이나 뛰어난 영상미만이 크리에이터의 무기가 되는 것은 아니다. 시청자들과 소통하며 차근차근 발전해나가는 모습이 사람들을 끌어당기는 매력이 되기도 한다. 한국어가 아니라 스페인어로 콘텐츠를 제작하는 것도 시청자들의 요구 때문이었다.

"저는 한국어가 더 편하다 보니까 한국어로 영상을 제작한 적도 있어요. 훨씬 편하더라고요. 편집하기도 편했고요. 그렇게 몇 번을 했는데 보는 분들이 스페인어로 얘기해주길 원하시더라고요. 댓글에 '자막보다 네 목소리로 듣고 싶다.'라는 반응들이 많아서 바로 수용했어요. K팝이나 이런 데에 관심이 많은 친구이다 보니 한국인에 대한 호감이 있는데요. 친근하게 자기들의 언어를 사용해서 소통하는 걸 좋아하는 것 같아요."

팬들과 소통할 수 있는 장점을 적극 활용해야 한다
● ● ●

한나는 크리에이터 활동뿐 아니라 페루에서 언니와 함께 코스메틱 브랜드를 만들어 운영하고 있다. 그러나 유튜브에선 자신의 브랜드를 직접적으로 노출하지는 않는다. 그럼에도 구독자들은 리마(페루의 수도)에 있는 매장에 찾아온다. 크리에이터와 팬의 관계가 자연스럽게 사업으로 연결된 것이다.

"매장에 찾아와서 구독자라고 밝히는 분들이 계세요. 그리고 그 매장에서 팬미팅 같은 이벤트를 몇 번 진행해 본 적이 있는데 생각보다 많이 오시더라고요. 설마 누가 오겠나 싶었는데 정말 많이 오셨어요. 항상 온라인으로만 보니까 제게 팬이 있다는 게 안 믿겨졌거든요. 실제로 만나니까 '정말 팬이 있구나.'를 느꼈죠."

페루에서 활동을 시작한 한나의 다음 계획은 한국 채널 오픈이다. 프리랜서 모델로도 활동하고 있고 뷰티 브랜드에도 힘을 쏟고 있다. 100만 유튜버, 100만 틱톡커인 한나의 팬들은 이 같은 그의 다양한 활동을 가능하게 만들었다. 한나의 이 같은 성장은 크리에이터 활동의 또 다른 시각을 갖게 만든다. 전략적인 계획도 분명 필요한 요소이지만 초기 팬들과의 소통으로 자리를 잡아가는 방식도 가능하다는 점이다.

크리에이터에게 가장 중요한 것은 사람들에게 주목을 받는 것이다. 그 첫 번째 요소인 '사람들'은 자신을 먼저 알아봐준 팬들이다. 팬들은 크리에이터가 자신들의 의견을 듣고 콘텐츠의 방향을 조정해나가는 과정에 만족을 느낀다. 크리에이터가 방송의 연예인들과 다른 중요한 차별점이다. 팬들이 직접 영향을 줄 수 있는 대상이기에 크리에이터는 연예인들과 다른 포지션을 차지할 수 있다. 성공한 크리에이터는 이 차별점을 적극적으로 활용하고 있다.

2. 팔로어들이 보고 싶어 하는 것을 보여준다

5:20 / 9:30

팔로어들의 의견을 콘텐츠에 반영하는 것도 소통이다

●●●

크리에이터에게 팔로어들과의 소통은 필수적이다. 여기에서의 '소통'이란 직접 댓글에 답변을 하거나 대화를 나누는 것만을 말하는 것은 아니다. 팔로어들의 의견을 반영하고 콘텐츠에 녹여냄으로써 '나와 소통한다.'라는 느낌을 주는 것이 중요하다.

유튜브 채널 「MKH」는 팬들의 요청에 따라 만들어진 채널이다. MKH는 My Korean Husband를 줄인 말이다. '나의 한국인 남편'이라는 말처럼 호주인인 아내가 한국인 남편에 대해 이야기하는 콘텐츠에서부터 시작됐다. 그림을 전공한 호주인 아내가 웹툰을 블로그에 올리다가 웹툰 팬들의 요구에 맞춰 유튜브 채널로 전환했다.

12만 명 넘는 다문화 패밀리 채널인 「MKH」를 운영하는 '한국인 남편' 권순홍은 2013년에 블로그 웹툰에서 유튜브 채널로 옮긴 이유를 웹툰 팬들과 직접 소통하기 위해서였다고 설명했다.

　"아내가 원래 그림을 그리던 사람인데 둘이서 국제 커플로 알콩달콩 놀고 하는 이런 부분이 너무 재미있었어요. 다른 사람들도 이런 재미가 있을까 생각이 들어서 저희의 에피소드를 웹툰으로 블로그에 올리기 시작했죠. 그런데 그 웹툰이 조금씩 유명해졌고 1년쯤 지났을 땐 인터뷰도 할 정도가 됐죠. 그러다가 저희가 직접 저희를 좋아하는 사람들과 소통해보고 싶어서 유튜브를 시작하게 됐어요. 사람들과 댓글로 소통하는 것도 좋긴 한데요. 저희가 진짜 얼굴을 보여주면서 공감하는 건 또 다른 느낌이더라고요."

　「MKH」 채널은 한국에 사는 호주-한국 부부의 육아와 생활을 보여주는 것으로 주된 콘텐츠가 채워진다. 부부의 연애부터 가정생활까지는 둘의 데이트와 즐거워하는 모습을 위주로 담았지만 아이가 생기면서 국제 부부의 육아생활로 콘텐츠의 방향도 조금씩 달라져왔다. 웹툰으로 시작했던 시기부터는 11년, 유튜브로는 10년 동안 자신들의 생활을 에피소드로 공개하면서 연인부터 육아 부부의 모습까지가 콘텐츠로 다뤄졌다. 생애주기에 따라 달라지는 에피소드들에 따라 팬들이 보고 싶어 하는 모습도 달랐다. 이들 부부는 그 요구에 맞춰 콘텐츠를 제작했다. 최근에는 서로 모국어가 다른 부모의 아이가 이중언어를 어떻게 배워가는지에 대한 팔로어들의 관심이 높아서 그에 관련된 콘텐츠를 만들고 있다.

　"이중언어에 대해 어떤 게 좋은지 연구 결과가 있다고는 하지만 그

「MKH」채널은 한국에 사는 호주-한국 부부의 육아와 생활을 보여주는 것으로 주된 콘텐츠가 채워진다. (출처: 「MKH」 제공)

건 어디까지나 연구일 뿐인 거잖아요. 저희는 직접 아이를 키우면서 그걸 적용하는 거니까 같은 고민을 하는 분들은 콘텐츠를 보면서 배우는 부분도 있는 것 같아요. 또 한국의 육아 문화와 호주의 육아 문화를 비교해서 보여주기도 하고 음식을 비교해서 보여주기도 해요. 사람들이 궁금해하는 걸 보여주는 거죠. 그것도 어차피 저희가 생활하는 모습의 일부이니까요."

일상을 그대로 보여주고 힘든 감정도 나눈다

● ● ●

「MKH」채널은 단기적인 유행을 따라가지는 않는다. 패밀리 유튜버라는 생활을 보여주는 것이 더 중요하다는 생각 때문이다. 패밀리 채널을 구독하고 보는 팬들이라면 유행을 따르는 것보다 이들 가족의 소소한 생활을 보기 원할 것이라는 판단이다. 일종의 '챌린지' 유행이 있어도 그것을 따라 만드는 콘텐츠는 없다. 유행을 따르기보다 팔로어들이 보고 싶어 하는 가족의 생활에만 집중하다 보니 콘텐츠의 방향이 명확해졌다.

"솔직히 가족 유튜버가 어떤 트렌드를 따라가기는 쉽지 않죠. 유행을 타는 대표적인 콘텐츠가 챌린지[5] 콘텐츠인데 채널의 주체인 아내의 성향도 그런 걸 하는 편이 아니기도 하고요. 정말 우리가 할 수 있는 걸 차분하게 할 뿐이에요. 다들 많이 하는 몰래카메라 같은 형식도 안 해요. 그게 잘못됐다기보다는 그냥 저희가 안 하는 것뿐이에요. 저희의 있는 그대로를 보여줄 뿐 굳이 가짜 설정을 하지 않으려는 거죠. 사람들은 저희의 일상 그대로를 보고 싶은 거니까요."

실제로 「MKH」 채널을 보는 시청자들은 재미있는 스토리나 유행에 따라가는 모습보다 이들의 모습 자체를 보고 싶어했다. 호주에서의 모습부터 한국에 들어와 다국적 가정으로서 함께 살아가는 모습을 보길 원했다. 「MKH」 채널에서의 소통은 시청자들이 원하는 '진짜 가정'의 모습을 보여줌으로써 끈끈해졌다. 오랫동안 가정의 모습을 지켜본 시청자들은 심리적 거리감이 줄어들면서 실제로 친해졌다고 느꼈다. 마찬가지로 채널을 운영하는 이들 부탁도 팬들과 가까워졌다고 느꼈다.

"저희가 호주에 살 때부터 지금 아기가 둘 있는 가족이 될 때까지 그걸 다 지켜본 분들이 있어요. 저희와 굉장히 가깝게 느껴지는 분들이죠. 막상 만나도 이미 다 알고 있는 그런 느낌일 거예요. 저희 인스타그램이나 다른 채널로도 소식을 항상 보시는 분들도 있고요. 그중에서는 저희처럼 국제 커플이 된 분들도 되게 많고 저희를 보고 유튜브를 시작한 분들도 있어요.”

「MKH」 채널의 팬들과 권순홍이 가진 유대감은 기존 유튜브나 SNS에서 소통의 중요성을 설명하던 것과 중요한 차이점을 보여준다. 댓글에 답변을 달거나 생방송 스트리밍에서 댓글에 답변하는 방식이 아니더라도 팬들과의 유대감을 깊게 만들어갈 수 있다는 점이다. 크리에이터의 실제 생활을 꾸준히 보여주면서 그 생활과 유사하거나 그와 같은 생활을 꿈꾸는 이들을 팬으로 만들고 그 팬들이 공감하거나 궁금해할 만한 내용을 콘텐츠로 만들어 교감하는 방식이다. 이로써 팬층은 더욱 견고해지고 무리해서 확장하기보다 확실한 타깃을 바탕으로 조금씩 영향력을 넓혀갈 수 있다.

물론 이 과정에는 자신의 보여주기 불편한 치부를 드러내야 할 때도 있다. 「MKH」에서는 힘든 감정도 (콘텐츠에 맞게 순화하기는 하지만) 시청자들과 나눈다. 호주에서 한국에 왔을 때 적응하면서 힘들었던 과정, 아기를 낳기까지의 어려웠던 과정 등을 콘텐츠로 시청자들과 공유했다. 특히 아기를 갖기 위해 힘들었던 10개월의 과정은 다큐멘터리처럼 공개하기도 했다.

이 같은 삶의 공유는 의외의 결과를 가져왔다. 아이를 갖기 위해 남편인 권순홍이 건강 관리를 하며 노력한 모습은 세계적으로 확산이 됐다. 아내가 호르몬 주사를 맞아가며 힘들어하는 모습에 아빠로서 할 수 있는 건강 관리를 함께했다. 이 스토리가 외국 언론들에 기사화되면서 세계에 알려졌다.

“그때 제가 건강 밸런스가 엉망이었어요. 엄마가 아이를 위해 노력

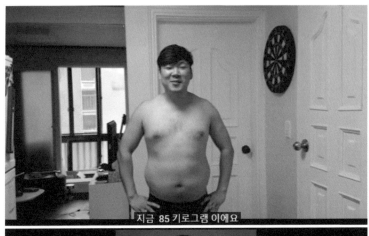

다이어트 과정을 콘텐츠로 만들었는데 40개국 넘는 곳에서 기사가 나왔다.
(출처: 유튜브 캡처)

하듯이 아빠도 이렇게 열심히 노력했다는 걸 보여주고 싶어서 다이어
트를 했죠. 단순히 다이어트만을 위한 영상이었다면 그렇게 알려지지
는 않았을 거예요. 그 다이어트 과정을 콘텐츠로 만들었는데 40개국
넘는 곳에서 기사가 나왔어요. 그게 계기가 돼서 글로벌 서바이벌 대

회에 한국 대표로 참여하
기도 했고 거기서 톱4까지
갔어요. 해외 유명 채널들
에서 연락도 많이 왔죠. 유
튜브의 파급력이 정말 대
단하다는 걸 느꼈어요."

「MKH」의 권순홍 (출처: 「MKH」 제공)

이 같은 이벤트는 기존
팬들을 더욱 견고하게 만
들었고 동시에 새로운 구
독자들이 유입되는 계기가
됐다. 기존 팬들은 자신이
지켜보던 이가 유명해지는
모습을 보면서 자신들의
응원에 대한 효능감을 느꼈다. 또 이와 같은 이벤트로 유입된 구독자
들은 누적되어 있던 이들 부부의 일상을 보며 '유명한 사람'과 간접
적으로나마 친해지는 경험을 했다.

여기서 잊지 말아야 할 점은 「MKH」 채널이 결코 전략적으로 다이
어트 콘텐츠를 기획하지 않았다는 것이다. 일상의 고민과 어려움까
지 함께 나누겠다는 자세에서 자연스럽게 만들어진 콘텐츠일 뿐이
다. 일상을 공유해왔던 배경에 이들의 고민하는 모습이 스토리로 연
결되면서 다이어트 콘텐츠가 세계적으로 소비될 만한 콘텐츠가 된
것이다. 실제로 해당 콘텐츠가 알려진 뒤 권순홍이라는 인물이 유명
해지기 전에 어떤 일을 했고 어떤 배경을 가지고 있는지 다루는 해

외 보도가 나오기도 했다. 결국 배경이 되는 스토리가 중요했던 것이다. 그 스토리는 팬들에게 일상을 공유하는 소통에서 비롯됐다.

K컬처 시대에 소통의 의미를 되새겨야 한다

●●●

「MKH」가 국제 부부의 생활을 담은 채널인 만큼 K컬처에 대한 관심도 큰 영향을 미쳤다. 국제 커플의 일상이 궁금한 팬들만큼 한국 생활이 궁금한 팬들도 「MKH」 채널을 많이 보고 있다. 권순홍은 이에 대해 "현재는 한국인이라는 것만으로도 큰 장점이다."라고 설명했다.

"지금 세상이 한국 문화에 대해 그 어느 때보다 많은 관심이 있어요. 예전에 영미권 사람들의 생활을 막연히 궁금해했던 시기가 있었다면 지금은 우리가 그런 관심을 받고 있거든요. BTS를 비롯한 K팝을 세계가 듣고 있고 넷플릭스를 통해서 한국 드라마를 세계 모든 사람이 보고 있어요. 그걸 접한 사람들은 한국에 오고 싶어 하고 한국에서 살면 어떨지를 상상해요. 우리는 그걸 보여주는 거죠. 한국 크리에이터들은 그것만으로도 경쟁력이 있어요."

「MKH」 채널이 성장해온 과정을 통해 대중에게 크리에이터와의 소통이 어떤 의미인지를 생각해볼 수 있다. 결국 소통은 시청자가 어떤 것을 보고 싶어 하는지를 알고 그 기대에 맞게 보여주기 위한 행위다. 이는 기존 미디어의 제작자들이 기획 과정에서 예측하여 결정하던 콘텐츠의 방향을 시청자로부터 직접 피드백을 받아 반영한다는 차이점을 만든다. 레거시 미디어의 제작 방식은 불특정 다수를 염두에 둬야 하기에 거대 데이터를 활용해 트렌드를 파악할 수밖에 없다. 그러다 보니 이 부분에서 개인 크리에이터를 앞설 수 없다. 개인 크리에이터의 팬들은 TV나 영화 관객들보다 적지만 충성도가 높다. 그들이 원하는 콘텐츠를 중심으로 구성되기 때문이다.

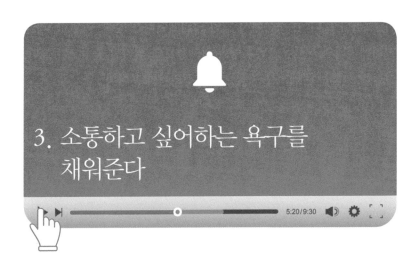

3. 소통하고 싶어하는 욕구를
   채워준다

방송사는 소통에서 개인 크리에이터를 따라가지 못한다

●●●

수십만에서 수백만의 구독자가 생긴 채널에서 댓글에 답변을 하나씩 다는 것은 현실적으로 불가능하다. 이 단계에서는 댓글을 통한 대화만을 소통이라고 이해하면 팬들과의 소통이 불가능해진다. 라이브 스트리밍을 하는 BJ들도 실시간으로 전달되는 메시지들을 모두 읽고 답변해주지는 못한다. 그럼에도 불구하고 구독자들은 이들과 소통한다고 느낀다. 크리에이터와 팬들의 소통이란 단순히 직접적인 대화가 아니라는 의미다.

내가 만난 크리에이터들 또한 대부분 댓글에 답을 달고 있지는 않다고 말했다. 유튜브의 커뮤니티 기능을 이용해 자신의 근황을 묻거나 다음 콘텐츠에 대한 의견을 받는 방법을 많이 사용했다. 댓글 중에 콘텐츠로 제작할 수 있는 아이디어를 찾아 제작하고 해당 영상에서 그 댓글을 언급하는 이들도 있다. 앞서 만난 한나의 경우처럼 자신의 공식 SNS 계정을 공유해 일상을 나누기도 한다. 팬들과의 심리적인 거리감을 줄이는 방법들이다.

최근에는 TV 프로그램에서 이와 같은 방법을 시도하는 것을 볼 수 있다. SNS에 프로그램 공식 계정을 만들어 시청자들의 의견을 받기도 하고 출연자들이 라이브 방송으로 시청자들을 만나기도 한다. 이 같은 방식으로 TV 프로그램이 개인 크리에이터들의 팬들과 같은 팬덤을 구축할 수 있을까? 여기에는 두 가지 한계가 존재한다.

우선 TV 시청자들은 집단성이 불분명하다. 개인 크리에이터의 팬들은 취향과 관심사가 겹치고 크리에이터 개인의 매력을 좋아하는 집단성이 명확하다. 반면 TV 시청자들은 그렇지 않다. 시청자들의 의견은 여러 방향으로 흩어져 있고 제작사 입장에서는 그중 하나를 선택해야만 한다. 일부의 의견이 선택되는 순간 다른 의견은 배제된다. 이로 인해 상당수 시청자가 프로그램 제작진 또는 출연자들과 소통한다는 효능감을 느끼지 못한다. 또 프로그램의 SNS를 접하지 못한 채 TV로만 시청하던 이들은 SNS 의견을 반영했다는 방송 내용에 소외감을 느끼게 된다. 불특정 다수를 대상으로 하는 TV 채널의 한계다.

두 번째로 기민하게 움직이기 힘든 대규모 작업이라는 제약이 있다. TV 프로그램은 시청자의 의견을 적극적으로 수용하기엔 자본이나 제작 조직의 규모가 크다. 프로그램의 SNS 관리자는 해당 프로그램의 결정권자나 책임자가 아니며 의견을 바로 수용할 수 있는 입장이 아니다. 개인 크리에이터는 필요한 의견에 답변을 달 수 있지만 TV 프로그램의 SNS 관리자는 그렇게 할 수 없다. 크리에이터가 하는 것처럼 의견을 콘텐츠에 반영할 수는 있겠지만 어디까지나 프로그램 제작진이 정해놓은 틀 안에서 일부로만 활용될 뿐이다. 개인 크리에이터처럼 새로운 시도를 하기는 어렵다. TV 프로그램은 이미 정해진 기획안으로 조직 내에서 합의한 내용이고 상당한 자본을 투자해 제작되기 때문이다. 이 같은 상황에서 시청자들의 의견을 반영하는 장면들은 온라인 콘텐츠에서의 소통 모습을 모방하는 데 불과할 뿐이다. 이를 통해서는 시청자들에게 소통의 효능감을 주기 어렵다.

개인 크리에이터와 방송사의 차이를 보면 대중이 '소통'이라는 행위에서 원하는 것이 무엇인지 더욱 뚜렷하게 나타난다. 자신의 의견이 콘텐츠에 얼마나 영향을 미치는가이다. 크리에이터는 개인 자체가 콘텐츠의 큰 부분을 차지한다. 따라서 팬들이 크리에이터에게 얼마나 영향을 줄 수 있는지가 관건이다. 이는 이번 장을 시작하면서 설명했던 '연반인' 같은 거리감과도 일맥상통한다. 대중은 연예인과 같은 '환상 속의 그대'가 아닌, 내 의견을 듣고 반응하는 유명인으로서 크리에이터를 인식한다.

지속가능한 전략 사이클을 통해 팬덤을 구축한다
● ● ●

크리에이터에게도 소통은 콘텐츠를 우연히 본 시청자가 채널을 구독하고 채널의 콘텐츠를 반복 시청하면서 팬이 되도록 만드는 중요한 요인이다. 이 지점에서 기업 디지털 커뮤니케이션 전문가 박찬우

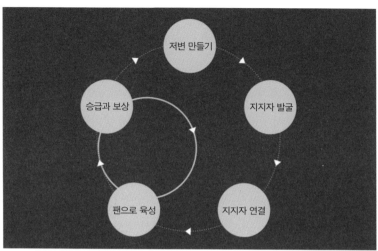

(출처: 박찬우, 『스노우볼 팬더밍』 중에서)

가 브랜딩 전략 사이클로 제시한 '스노우볼 팬더밍 서클'이라는 개념을 참고할 만하다. 그는 브랜드 팬덤을 구축하는 과정을 5단계로 정리했다. '저변 만들기Basing → 지지자 발굴Digging → 지지자 연결Connecting → 팬으로 육성Nurturing → 승급과 보상Promoting'이 그것이다. 지지자를 발굴해 연결하고 이로써 팬덤을 형성한 뒤 보상으로 강화해 나가는 전략이다.[6] 그는 처음에는 작게 시작되더라도 계속 순환되면서 눈덩이Snowball처럼 커진다고 설명한다.

이를 유튜브 크리에이터의 경우에 대입해 보자. 크리에이터의 캐릭터를 가지고 자신만의 스토리텔링을 갖추는 것이 '저변 만들기'에 해당한다. 이를 바탕으로 콘텐츠를 제작해 유튜브 또는 콘텐츠 플랫폼에 업로드하면 시청자가 해당 콘텐츠를 보게 된다. 유튜브 알고리즘에 의해 시청자는 자신의 취향과 맞는 크리에이터의 콘텐츠를 보게 될 확률이 높다. 이렇게 만나는 시청자 중에 크리에이터에게 매력을 느끼는 이들이 채널을 구독하기 시작하면 '지지자'가 될 것이다.

이 구독자들은 크리에이터를 중심으로 서로의 취향과 관심사를 댓글로 공유하면서 결집한다. 크리에이터는 구독자들을 부르는 애칭을 정하고 콘텐츠에서 이를 활용하면서 유대감을 강화한다. 이 과정이 '지지자 연결'이다. 이렇게 집단성을 갖게 된 구독자들(지지자 그룹)을 팬으로 적극성을 갖게 하는 것이 바로 소통이다. 구독자들의 피드백을 반영하고 더욱 인간적인 모습을 보여주면서 크리에이터와 팬의 관계를 확고히 만드는 과정이다. 이후 '보상'으로는 팬들과의 친밀감을 강화할 이벤트를 예로 들 수 있다. 인기 크리에이터들은 콘텐츠에 일부 팬을 참여시키거나 여러 명의 팬을 만나는 팬미팅을 여는 방식으로 '열성 팬'을 만들고 있다. 다른 팬들은 그 모습을 보며 자신도 크리에이터와 더 가까워지고자 더욱 열심히 크리에이터와의 소통에 참여한다.

이 같은 팬덤의 구축은 크리에이터 활동을 지속가능하게 하는 수익화를 위해서도 필요하다. 크리에이터 산업은 팬덤을 바탕으로 형성되기 때문이다. 팬들을 대상으로 크리에이터의 캐릭터를 담은 기념품이나 직접 참여한 제품 등을 판매하기도 한다. 이는 수익화의 일환이면서 동시에 팬들이 적극적으로 참여하도록 하는 보상이기도 하다.

이 같은 배경과 이번 장에서 만난 크리에이터들의 사례를 바탕으로 대중이 크리에이터와 소통하며 기대하는 바를 요약하면 세 가지다. 첫째, 나보다 뛰어나지만 가깝게 느껴지고 친근하다. 둘째, 나의 의견이 콘텐츠에 반영돼 효능감을 느낀다. 셋째, 나와 비슷한 취향의 사람들을 연결하는 구심점이다.

「한나 코레아나」채널의 한나는 한국인이라는 정체성을 갖고 스페인어로 콘텐츠를 제작해 남미 시청자들에게 색다르지만 친근한 매력을 어필했다. 구독자들의 의견을 수용해 뷰티와 다이어트 등의 콘텐츠를 위주로 다루었다. 그러자 K뷰티에 관심이 많은 남미 팬이 모여들었다. 이렇게 모인 팬들에게 한나는 인스타그램과 틱톡 등 다른 플랫폼에서 또 다른 일상을 공유하며 더욱 친근하게 다가갔다. 「MKH」채널은 한국-호주 국제 커플의 일상을 보여줌으로써 특별하면서도 친근한 콘텐츠를 만들었다. 팬들이 궁금해하는 국제 커플에 대한 질문에 답변하고 자신들의 어려웠던 이야기까지 털어놓음으로써 팬들과 함께 스토리를 만들었다.

팬이 느끼는 소통 효능감을 자극해야 한다
● ● ●

앞서도 크리에이터의 팬덤 구축 과정을 '스노우볼 팬더밍' 브랜딩 전략에 대입했듯이 크리에이터의 이 같은 모습은 기업과 기관에서도 참고할 필요가 있다. TV와 달리 기업이나 기관이 운영하는 콘텐츠 채널은 메시지를 전달해야 하는 타깃 집단이 비교적 명확하다. 예를 들어 식품 브랜드라면 음식에 관심이 있고 '먹는 것에 진심'인 사람들이 타깃이 될 것이다.

그들에게 보여주는 콘텐츠로 유명 크리에이터를 섭외해 자사 식품을 리뷰하는 것이 과연 최선일까? 식품 브랜드라면 자사 제품을 개발한 연구원들이 제품을 함께 먹으면서 소비자들이 궁금할 만한 질문에 답변하는 콘텐츠는 어떨까? 이 콘텐츠에서의 반응을 반영해 다음 아이템을 선정하면서 거리를 좁혀갈 수 있을 것이다. 스타보다 일반인에 가까운 기업의 내부 인력들을 등장시킴으로써 소비자들이 브랜드를 친근하게 느낄 수 있게 하는 방법이다. 이와 함께 댓글과 커뮤니티 활동으로 구독자들의 의견을 받고 꾸준히 콘텐츠에 반영해 충성도를 높여가는 것이 중요하다.

디지털 마케팅 컨설턴트 개스턴 레고부루와 대런 매콜은 이 같은 브랜드 메시지 전략을 '스토리 스케이핑Story Scaping'이라는 신조어로 만들었다. 스토리 스케이핑 개념은 스토리텔링으로 메시지를 전달하는 것이 아니라 사람들과 진정으로 소통하고 연결되는 세계를 창조하는 스토리가 필요하다는 것이 핵심이다. 훌륭한 스토리의 주재료는 수용자가 그 스토리 안에서 자신의 모습을 찾아낼 수 있도록 하는 것이다. 이들은 "자신의 열망을 간파하는지, 자신의 결점이나 자기 내면의 악마를 보는지 그런 것들과 상관없이 자신의 일면을 엿볼 수만 있으면 된다. 이것이 바로 스토리의 힘이다. 소비자가 스토리의 일부가 되는 경우보다 더 강력하게 소비자와 연결될 수는 없다."라고 설명한다.[7]

안타깝게도 현재 대다수 기업이나 기관 유튜브 채널에서 일방적인 메시지를 여러 장르로 전달하는 데만 집중하고 있다. 시청자를 구독자로, 구독자를 팬으로 만드는 소통의 노력이 없으면 채널은 힘을 갖기 어렵다. 소통의 효능감을 느낀 팬은 단순히 콘텐츠에만 반응하는 데 그치지 않는다는 점을 알아야 한다. 콘텐츠로 팬이 된 시청자는 브랜드의 충성도 높은 소비자가 되고 주변에 해당 브랜드에 호의적인 태도를 전파하는 채널이 된다. 유튜브와 SNS는 이 같은 효과를 내는 브랜드 팬덤 구축에 매우 적합하게 설계되어 있다. 소통 효능감을 느낄 수 있는 콘텐츠로 이를 이용한다면 성공적으로 팬덤을 만들수 있을 것이다.

유튜브는 누구에게나 열려 있다

이번 장에서 알아봤듯 크리에이터와 팬의 소통은 심리적 거리감을 줄이는 과정이다. 단순히 댓글 대화나 라이브 질의응답 수준으로 소통을 이해하는 수준에서 벗어나야 한다. 크리에이터 문화에서 소통을 이해하려면 이제까지 살펴봤던 크리에이터의 특징들을 다시 돌아볼 필요가 있다. 성공한 크리에이터는 자신만의 캐릭터를 가지고 자신만의 콘텐츠를 보여줄 수 있는 스토리텔링 능력이 있어야 한다. 소통에서도 '개인'에 초점을 맞춰야 한다. 크리에이터 개인을 중심으로 팬들과의 관계를 어떻게 형성해나가느냐가 소통의 핵심이다. 팬들의 의견에 대한 반응이 크리에이터의 고유한 캐릭터가 되고 콘텐츠의 스토리텔링이 된다.

물론 이제 유명 크리에이터들은 평범한 '주변 인물'이 아니다. 그들은 스타다. 콘텐츠 플랫폼과 크리에이터들이 모이는 세계적 컨퍼런스 '비드콘VidCon' 2023년 행사에 5만 명 넘는 사람들이 모였다. 사람들은 유명 크리에이터들을 만나기 위해 아침부터 줄을 선다. 이곳에서 팬과 크리에이터는 구분된다. 이는 국내에서 열리는 크리에이터 행사들에서도 마찬가지다. 팬들은 자신들이 좋아하는 크리에이터와 사진을 찍고 사인을 받기 위해 기꺼이 시간과 돈을 쓴다. 이런 면에서는 배우나 가수 같은 스타들과 크리에이터들이 다를 바 없다.

미국에서 비드콘과 같은 팬미팅 문화가 정착된 2012년에 유튜브는 사이트 전체를 재설계하면서 '너 자신을 방송하라.'라는 문구를 뺐다. 이를 두고 "유튜브가 민주적 공동체에서 자체적으로 유명인을 만드는 엔터테인먼트 산업으로 전환된 것"이라는 해석도 있다. 누구나 유명 크리에이터가 되고자 도전할 수 있는 유튜브 플랫폼이지만 이미 성과를 거둔 이들과 그렇지 않은 이들 사이에는 분명한 선이 있는 것은 사실이다.[8]

그러나 중요한 것은 이미 성공한 크리에이터와의 선이 아니다. 유튜브라는 플랫폼이 누구나에게 열려 있다는 점이다. 스타가 된 크리에이터들도 한때는 팬들과 같은 평범한 시청자였다. 사람들이 기대하는 크리에이터는 그들만의 세상에 사는 사람들이 아니다. TV 스타들은 연예계로 분리되어 있지만 크리에이터는 그렇지 않다. 크리에이터는 사람들과 소통하며 사람들과 함께하는 콘텐츠를 보여줘야 한다. 국내에서 개인 크리에이터가 주목받기 시작한 아프리카TV에서는 '토크' 장르가 주류였다. 현재 유행을 이어가는 '먹방'이나 '술방' 역시 말없이 음식을 먹고 술을 마시는 것이 아니라 음식을 매개로 크리에이터와 대화하는 느낌을 주는 콘텐츠에 가깝다. 이런 콘텐츠들이 인기를 끄는 것은 결코 우연이 아니다.

인문학자 김경집은 새로운 시대의 콘텐츠를 전망하면서 결론으로 '나'와 '사람'의 가치를 강조한 바 있다. "콘텐츠에서 핵심은 전략이나 전술의 발견이 아니다. 궁극적이며 기본적인 것은 그 안에 사람의 가치를 어떻게 설정하느냐 하는 것이다. 아무리 좋은 전략이나 마케팅 기법도 거기에 사람에 대한 애정, 관심, 가치를 담지 못하면 잠깐 혹은 작게 이익을 얻을지 모르지만 길고 크게 그리고 모든 이가 동의하며 즐거워하는 것이 될 수 없다."[9]

영상 UCC가 거대자본과 조직을 갖춘 전문제작사만의 영역에 개인이 진입할 수 있게 하면서 각광받았던 것을 기억하자. 사람들은 그 개인과의 친밀한 관계를 원한다. 시청자, 구독자, 팬들에 대한 애정과 관심을 가지는 것이 소통의 시작이자 전부다. 사람에 대한 애정과 관심이 있다면 그 크리에이터의 콘텐츠에서 소통의 감정을 느낄 것이다.

8장

K크리에이터는 국적을
초월한다

Creator Initiative

● K라는 접두사를 붙인 K크리에이터의 범위는 어디까지일까. K크리에이터는 국적, 출신, 활동 국가에 국한되지 않는다. 해외에서 활동하는 한국 출신 크리에이터라면 한국 문화를 바탕으로 하는 만큼 K크리에이터에 포함시킬 수 있을 것이다. 반대로 유학생이나 외국 출신 크리에이터가 한국에 거주하며 활동한다면? 그들도 K크리에이터라고 하기에 무리가 없을 것이다. 한국 사회와 한국 문화를 배경으로 또는 주제로 삼아 크리에이터 활동을 하는 모든 이가 K크리에이터가 아닐까? 그들을 통해 한국의 문화적 영향력이 세계로 퍼져나간다는 점에서 K크리에이터에 포함시키는 것이 타당해 보인다.

실제로 한국에 거주하며 콘텐츠 활동을 하는 해외 출신 크리에이터들이 상당수 있다. 각자 나름의 이유로 한국에서 살다가 크리에이터로 활동을 시작한 이들도 있다. 하지만 크리에이터가 되기 위해 한국에 온 이들도 있다. 이 같은 해외 출신 K크리에이터들은 한국에서의 생활을 모국의 시청자들에게 소개하기도 하고 한국어를 사용해 한국인 시청자들에게 색다른 시각을 보여주기도 한다.

그들은 왜 한국에서 K크리에이터가 됐을까? 유튜브는 글로벌 플랫폼이고 세계 어디서나 크리에이터 활동이 가능하다. 그럼에도 그들이 한국을 선택한 이유는 무엇일까? 한국에서 활동하는 외국인 K크리에이터들을 만나 이야기를 들어보니 이유를 알 수 있었다. 한국인들은 너무 익숙해서 미처 인식하지 못하는 한국이라는 콘텐츠의 가치를 그들은 알고 있었다.

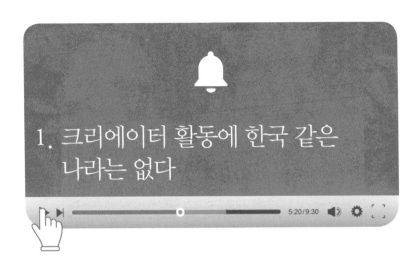

1. 크리에이터 활동에 한국 같은
나라는 없다

5:20 / 9:30

콘텐츠를 만들기에 좋은 환경이다

● ● ●

Jtbc「비정상회담」출연자로 얼굴을 알린 브라질 출신 카를로스 고리토는 한국인 아내와 함께 「코레아니시마 엘레나」(구독자 121만 명) 채널을 운영하고 있다. 국제 부부의 한국 생활을 포르투갈어로 소개하는 영상이 주요 콘텐츠다. 서브 채널 「엘레나와 까르르」(구독자 5만 7,000명)에는 여행 콘텐츠를 주로 올린다. 본격적인 크리에이터 활동은 2016년에 시작했다.

카를로스가 한국에서 크리에이터 활동을 하게 된 것은 '한국에 살고 있기 때문'이다. 하지만 단순히 그 하나의 이유만은 아니다. 카를로스는 브라질과 비교해 한국이 콘텐츠를 만들기에 매우 좋은 환경

브라질 출신 카를로스 고리토는 한국인 아내와 함께 채널 「코레아니시마 엘레나」를 운영하고 있다. (출처: 유튜브 캡처)

이라고 말한다.

"한국은 치안이 좋아요. 어디서든 마음놓고 편하게 촬영할 수가 있죠. 또 브라질 사람들은 촬영을 불편해하는 경우가 많아요. 어떤 가게를 촬영한다고 하면 한국에선 '홍보가 될 것 같다.'라고 생각하지만 브라질에선 '이게 문제가 되지 않을까?'를 먼저 걱정합니다. 한국 사회가 상대적으로 신뢰가 높은 사회라서 그런 것 같아요. 콘텐츠 제작에 필요한 인프라가 잘 갖춰진 것도 장점이지만 정서적으로 크리에이터들을 신뢰하는 부분이 큰 장점입니다. 이런 나라가 별로 없어요."

브라질 출신인 그의 눈에는 한국의 다양한 콘텐츠가 보였다. 국제적으로 공감할 수 있는 가족 문화, 안전한 밤거리, 최신 기술과 역사 문화가 공존하는 도시 등이 모두 콘텐츠로서 가치가 있었다. 세계에서 가장 혁신적인 나라 중 하나이면서도 '선풍기 괴담' 같은 미신들이 있는 점도 특이했다.

"한국에 온 지 15년 되니까, 외국에서 보는 한국과 제가 사는 한국이 매우 다르다는 생각이 듭니다. 한국에서 살기 때문에 그런 부분에서 크리에이터로서 차별성을 만들 수 있는 것 같아요. 만약 브라질에서 콘텐츠를 만들었다면 잘 몰랐을 것 같아요."

해외에서 통하는 K콘텐츠의 비법은 과연 무엇일까

● ● ●

브라질 출신으로서 브라질 사람들을 대상으로 콘텐츠를 만들기에 갖는 강점도 있다. 현지 사람들이 이해하는 유머 코드를 알고 인용할 만한 과거의 레퍼런스들을 알고 있다는 점이다. 한국에 거주하는 다양한 국가 출신들이 K크리에이터로 더 많이 활동할 때의 영향력을 기대하게 되는 부분이다.

"아무래도 브라질 사람들과 통하는 레퍼런스를 많이 안다는 것이 장점입니다. 브라질의 옛날 영화, 광고, 아티스트 등을 저는 알고 있잖아요. 아내가 한국 쪽 레퍼런스를 또 가져오고 그런 것들로 아이디어를 풍부하게 뽑을 수 있어요. 또 문화 차이를 알고 있으니까 조심해야 하는 부분도 피할 수 있고요."

카를로스가 생각하는 해외향 콘텐츠의 새미 요소는 '공통점과 차이점'이다. 브라질 사람들이 공감하는 주제 안에서 한국과 브라질의 차이를 보여주는 영상이 인기를 많이 끌었기 때문이다. 한국에서 일상을 살아가는 그의 경험들이 콘텐츠의 초석이 된다.

"브라질 사람들이 가장 좋아하는 콘텐츠가 '가족'에 대한 것이에요. 브라질 사람들이 가정적이거든요. 한국도 가족 중심의 문화가 강하잖아요. 그게 비슷한데 조금 달라요. 그 부분에서 부모와의 관계, 시댁과 며느리의 관계 같은 이야기를 다루죠. 거기서 보이는 문화 차이가 재밌어요. 또 화장실 문화에 대한 콘텐츠도 잘됐어요. 브라질 사람들이 화장실에 신경을 많이 쓰는데요. 한국과 브라질의 시각이 조금 달라요. 한국에서 휴지를 구매할 때 한 번에 큰 묶음으로 사고 가족들끼리 화장실 사용을 어떻게 조율하는지 등을 통해 화장실 문화 차이를 보여줄 수 있어요. 이렇게 생활 속에 있는 재미있는 문화 차이들을 다루면 저도 재밌고 브라질 사람들도 흥미로워해요."

카를로스는 한국 대중문화 콘텐츠들이 유명해지면서 자신의 콘텐츠를 보는 시청자들에게도 변화가 생겼다고 했다. 이전까지는 '먼 나라'의 일상에 관심을 가졌던 사람들이 많았지만 현재는 한국을 검색해서 유입되는 시청자들이 많아졌다는 것이다. 이에 따라 카를로스는 한국에 사는 크리에이터로서 전문성을 갖출 필요를 느꼈다.

"처음엔 구독자들이 한국을 좋아해서 우리 채널을 찾은 게 아니었어요. 그냥 우리의 일상이 재밌어서 봤던 거죠. 그냥 '먼 나라', 지구 반대편 나라에서의 일상 이야기이니까요. 그런데 언젠가부터 한국을 찾아서 우리 채널에 오는 사람들이 많아졌어요. 대한민국에서 어떻게 사는지, 어떤 문화가 있는지를 궁금해합니다. 사람들이 더 깊이 알기를 원하니까 저희도 더 깊이 있는 콘텐츠를 만들어야 해요. 전에는 인터넷 검색만 조금 해도 됐는데 이젠 직접 인터뷰도 하고 기사와 통계 자료도 보면서 더 전문성을 갖추려 하고 있습니다."

카를로스는 한국 문화 콘텐츠에 대한 이야기를 하며 "생각보다 한국 문화를 즐기는 취향이 다양하다."라는 점을 강조했다. 이제는 K팝이나 드라마를 넘어 게임, 스포츠, 교육 등에 전반적인 관심이 높아졌다는 것이다. 연령대와 관심사에 따라 한국에 대해 궁금한 점이 다르고 그에 맞는 콘텐츠를 제작해야 한다고 설명했다.

"한국 콘텐츠를 얘기할 때 K팝을 많이들 떠올리죠. K팝이 한국의 이미지를 만드는 데 큰 역할을 한 건 맞아요. 하지만 이제는 다양하게 취향이 갈리는 추세예요. 젊은 세대들에겐 게임이 인기예요. 제 조카만 해도 한국의 T1팀 티셔츠를 구매하고 게임 경기를 봐요. 서민 주부들은 한국 드라마를 보고 소득이 높은 사람들은 영화를 즐깁니다. 우리 채널 시청자들은 K팝 10대 팬들보다는 30~40대가 많아요. 그래서 K팝을 다루더라도 아이 교육과 어떻게 연결할 수 있는지, 비즈니스적으로 K팝 시장을 어떻게 접근해야 하는지 등을 다뤄요. 가족 문화나 우리 부부의 생활을 다루는 것도 그런 이유죠. 한국에서든 브라질에서든 누구나 일상을 살아가니까 함께 공감할 수 있는 콘텐츠가 한국에서의 일상이었던 거예요."

카를로스는 크리에이터 활동과 함께 한국어 교육 비즈니스도 하고 있다. 남미 사람들에게 포르투갈어와 스페인어로 한국어를 알려주는 교육 사업이다. 이 사업의 연장선상에서 학생들이 한국에 방문하는 프로그램도 계획하고 있다. 광화문을 중심으로 도보로 10~20분 거리에 궁궐부터 박물관, 백화점, 인왕산 등에 모두 접근 가능한 서울 중심지의 조건을 보고 착안한 프로그램이다. 실제로 카를로스는 브라질 CEO와 기업 고위층의 한국 방문을 안내하면서 그 반응을 보고 한국의 이미지가 얼마나 좋은 콘텐츠인지 체감했다.

"그 사람들이 얘기를 하더라고요. 자신들이 세계 곳곳을 돌아다녔는데 최고의 프로그램이 이곳 한국이라고요. 다양한 것을 보고 재밌는 사람들을 만나면서 좋은 경험이 됐다고 말이죠. 저는 VIP가 올 때 항상 광화문에 데리고 가요. 그리고 설명해줍니다. '꼭 알아야 하는 한국인 두 명이 있다. 이순신과 세종대왕이다.' 광화문 앞에 가면 그 둘을 만날 수 있잖아요. 세종대왕상 앞에서 한글 몇 개 가르쳐주면 그걸 굉장히 좋아해요. 혁신적인 도시로 알려진 서울에 이런 역사와 문화가 있다는 걸 그들은 굉장히 재밌어합니다."

한국의 문화적 영향력을 키워나간다

● ● ●

카를로스와 같은 해외 출신 K크리에이터가 외국인의 시각에 맞춰 한국을 알리는 데 얼마나 큰 강점을 갖고 있는지 알 수 있는 이야기다. 카를로스 스스로도 그것이 자신의 역할이라고 여기고 있다.

"솔직히 제가 제일 하고 싶은 건 이런 겁니다. 제가 알고 있는 한국, 제가 한국에서 받은 환영, 한국에서의 경험을 더 많은 사람과 나누는 일이요. 물론 정부나 기관들이 열심히 하고 있는데 어쩔 수 없는 한계들이 있잖아요. 외국인 시선으로 보는 한국과 한국인이 홍보하고 싶은 한국은 다릅니다. 그건 브라질 사람으로서 제가 잘 알아요.

우리는 K뷰티 이슈로 화장품을 팔고 싶어 하고 K패션이라는 이름으로 옷을 팔 생각을 하잖아요. 그런데 저는 그런 것보다 한국의 이미지와 한국만의 스토리에 훨씬 큰 가치가 있다고 생각해요. 누군가는 그 '한국의 스토리'를 가지고 재미있게 스토리텔링을 해야 해요. 저는 브라질 사람들에게 그런 역할을 하려 하는 거고요. 다른 국가의 사람들에겐 다른 크리에이터들이 잘할 수 있을 거예요."

해외 출신 크리에이터들을 K크리에이터에 포함시켜야 하는 이유가 여기에 있다. 한국의 문화적인 영향력을 키워가는 데 이와 같은 크리에이터들보다 적합한 이는 없을 것이다. 해외 출신 K크리에이터들은 이처럼 세계와 한국을 잇는 다리 역할을 하고 있다.

2. 문화의 다리를 놓는 일을 한다

문화 장벽을 깨기 위해 크리에이터가 되다

● ● ●

유튜브와 틱톡에서 활동하는 챔보는 콘텐츠 활동을 위해 한국을 선택한 크리에이터다. 2020년부터 본격적인 활동을 시작해 2024년 기준 유튜브 구독자 약 43만 명에 틱톡 팔로어 약 91만 6,000명과 소통하는 크리에이터로 성장했다.

그의 대표 콘텐츠인 '껌이지'는 재미있는 도전들을 짧고 빠르게 보여주는 시리즈다. 이 시리즈에서 챔보는 '하루 종일 칼국수만 먹기' '치즈 10장 치즈버거 먹기' 등을 시도한다. 한국어로 진행하지만 자막을 붙여 해외 시청자들도 볼 수 있도록 만들었다. 이 시리즈로 챔보는 '껌이지형'이라는 별명을 얻었다.

호주 출신인 챔보는 2010년에 여행으로 한국을 처음 찾았다. 그에게 한국은 처음부터 좋은 이미지는 아니었다. "인종 차별도 겪었고 길에서 안 좋은 말도 들었다."라고 첫 기억을 돌아봤다.

"호주로 돌아가서 생각했어요. '이렇게 안 좋은 나라가 있을 리 없다. 한국어를 배워서 꼭 다시 가봐야겠다.' 2013년에 서울대학교 교환학생으로 다시 오게 됐는데요. 그때도 문화적인 장벽을 느꼈죠. 그래서 외국인과 한국인이 더 가까워지는 콘텐츠를 만들어보고 싶었어요. 그게 첫 영상이었죠."

챔보가 당시 처음 만든 콘텐츠는 '어장 관리 하는 방법'이라는 영상이었다. 문화적인 차이를 코미디 방식으로 풀어보겠다는 시도였다. 반응은 크지 않았지만 이때 콘텐츠를 사람들과 공유하는 재미를 느꼈다.

챔보가 그때부터 본격적인 크리에이터 활동을 했던 건 아니다. 그는 싱가포르, 말레이시아, 홍콩, 중국 등에서 직장 생활을 하다가 2020년에 다시 한국으로 돌아왔다. 그가 시도했던 '문화적인 연결'을 다시 한번 시도하기 위해서였다.

"2020년에 왔을 땐 방송인이 되려고 했어요. 그런데 코로나19 상황 때문에 방송국들이 다 어려워졌죠. 아예 기회를 잡을 수가 없었습니다. 사실 '이번에 한국에서 성공하지 못 하면 다신 안 오겠다.'라고 다짐하고 왔거든요. 뭐라도 해봐야겠다고 생각했어요. 그때 틱톡이라는 플랫폼이 나왔고 거기에 올린 콘텐츠가 다행히 반응이 좋아서 계속 발전할 수 있었죠."

챔보의 매력은 '동네 형' 같은 이미지다. 소위 '텐션 높은' 목소리와

Shorts

사랑니 발치 😁 #껌이지
조회수 350만회

하루종일 @ghanatwins와 밥
먹기 GH #껌이지
조회수 62만회

옥수수 🌽 껌이지
조회수 32만회

자이언트 거미 베어 젤리 🕷️ #
껌이지
조회수 248만회

하루종일 라면 G
지
조회수 74만회

챔보의 매력은 '동네 형' 같은 이미지다. 소위 '텐션 높은' 목소리와 표정이 오히려 가식 없이 친근하게 느껴진다. (출처: 유튜브 캡처)

표정이 오히려 가식없이 친근하게 느껴진다. 문화적으로 가까워지는 것을 목적으로 콘텐츠를 만들기 시작했던 배경이 반영됐기 때문인지도 모르겠다.

크리에이터와 시청자의 관계로 접근하다

● ● ●

그는 국경을 넘어 문화적으로 더 가까워져야 한다고 생각한다. 그래서 스스로 외국인이라고 불리는 것을 꺼려 한다. 한국에 살고 있고 한국어로 콘텐츠를 만드는 크리에이터인데 외국인으로 굳이 분류할 필요가 있느냐고 되묻는다. 그 고정관념을 깨고 사람과 사람으로 서로를 인정하는 것이 필요하다고 챔보는 강조했다.

"나이가 좀 있으신 분들은 저를 외국인으로 봐요. 그런데 저의 팔로어들은 저를 그냥 '챔보'로 봅니다. 콘텐츠에서 저를 '외국인 챔보입니다.'라고 소개한 적 한 번도 없어요. 앞으로 안 할 거고요. 팔로어들이 제가 외국인이라서 콘텐츠를 보는 게 아니잖아요. 그냥 재밌어서 보는 거지. 외국인이 아니라 저는 그냥 콘텐츠 만드는 사람일 뿐이에요. 오히려 콘텐츠 대본 쓸 때는 한국어로 씁니다. 영어로는 콘텐츠에 맞는 표현이나 흐름을 못 살리겠어요. 결국 영상 찍을 때는 한국어로 하니까 처음부터 한국어로 쓰는 게 편해요."

챔보의 생각은 K크리에이터들이 앞으로 중요하게 생각해야 할 부분이기도 하다. 세계가 콘텐츠로 통하는 시대인 만큼 내국인과 외국인을 구분하기보다 시청자와 크리에이터의 관계로 접근하는 것이 합당하다.

K크리에이터로 자리를 잡은 챔보는 한국에서의 크리에이터 활동에 있어 장점으로 적극적인 댓글 반응과 미디어 산업의 활성화를 꼽았다.

"한국 팔로어들은 확실히 댓글을 많이 달아줘요. 외국인들이 주로 보는 영상에는 조회수가 50만 정도 된다고 해도 댓글은 100개 정도밖에 안 돼요. 그런데 한국 콘텐츠에는 비슷한 조회수에서 댓글이 수천 개씩 달려요. '좋아요' 수는 크게 차이가 안 나는데 댓글 수는 확실히 차이가 나요. 또 한국의 장점이라면 미디어 산업이 많이 발달해서 크리에이터로서 기회가 많다는 것입니다. 크리에이터로 잘되면 방송도 할 수 있고 행사나 강연에도 나갈 수 있으니까요."

여전히 챔보의 목표는 문화 교류의 다리를 놓는 것이다. 처음의 마음을 놓지 않는 진정성이 그를 지금의 친근한 '동네 형' 챔보를 만든 원동력일 것이다. 이는 세계로 나아가는 K크리에이터들에게 기대되는 역할이기도 하다.

"호주와 한국을 연결한다거나 세계와 한국을 연결한다기보단 모든 사람들을 연결하고 싶어요. 차별이나 편견 없이 모두가 사람과 사람으로 연결되길 바랍니다. 제 인생의 목표라고 생각해요."

3. K크리에이터의 범위는 어디까지인가

국적이 중요한 게 아니라 문화적 바탕이 중요하다

● ● ●

우리가 만나본 카를로스와 챔보는 모두 외국에서 태어나고 자란 '외국인'이다. 그러나 한국에서의 크리에이터 활동을 선택했고 한국을 세계와 연결하는 역할을 하고 있다. 한국 문화에 바탕을 둔 크리에이터라는 점에서 두 사람 모두 K크리에이터라고 할 수 있다.

이것이 '한국인이 아닌 사람도 K크리에이터로 볼 수 있을까?'라는 의문에 대한 답이다. 챔보의 말처럼 "외국인이냐 한국인이냐가 중요한 것이 아니"다. 크리에이터는 콘텐츠가 중심이 되는 개념임을 기억하자. 그가 만드는 콘텐츠가 한국에 연결되어 있다면 K크리에이터로 보지 못할 이유가 없다.

대중문화가 가진 한계 때문에 크리에이터가 더 주목받는다

● ● ●

이는 크리에이터가 가진 특수성이다. 대중문화 콘텐츠의 경우에는 K콘텐츠의 범위가 제한될 수 있다. 대중음악 전문가인 이규탁 한국 조지메이슨대학교 교수는 저서 『갈등하는 케이, 팝』에서 "한국인이나 동아시아계 멤버가 전혀 없는 그룹도 K팝 그룹이라고 부를 수 있을까?"라는 질문을 던진다. 2010년대 중후반의 여러 시도를 검토한 그는 "K팝이 전 세계에서 본격적인 현지화 또는 토착화가 이루어져 진정한 의미에서의 글로벌 음악이 된다면 (…중략…) 그 경우 해당 지역에서 장르로서의 K팝은 자연스럽게 소멸할 가능성이 높다는 것이 K팝이 갖고 있는 딜레마다."라고 결론짓는다.[1]

이와 같은 딜레마는 K드라마나 K무비도 가지고 있다. 한국인 감독과 배우들이 할리우드에 더 많이 진출하고 그곳에서 작품을 만든다면 계속해서 한국영화의 범주에 포함시킬 수 있을까. 글로벌 OTT 기업이 제작하고 외국 배우들과 한국 배우들이 함께 출연하는 드라마가 늘어난다면 어디까지 'K드라마'라는 표현을 쓸 수 있을까. 대중문화 콘텐츠의 글로벌 서비스 시대에 'K' 접두사는 길을 잃을 가능성이 크다.

이 같은 점은 우리가 K크리에이터에게 관심을 가져야 하는 이유이기도 하다. 크리에이터는 개인이 콘텐츠의 주체이기에 문화적 정체성이 명확하다. 국내 크리에이터부터 해외에 거주하는 한국인 크리에이터는 물론이고 한국에 거주하는 해외 출신 크리에이터까지 한국 문화를 바탕으로 하는 모든 이들을 K크리에이터라고 부르는 데

무리가 없다. 이들이 세계 곳곳에 영향을 미치는 글로벌 인플루언서가 된다고 해도 K크리에이터라는 정체성은 변하지 않는다. 그들은 계속해서 한국의 문화적 가치를 세계에 알리고 한국과 세계를 연결하는 역할을 할 것이다. 한국에서 활동하는 해외 출신 K크리에이터들은 그런 미래를 이미 보여주고 있다.

9장

크리에이터 이코노미가
진화하다

Creator Initiative

● 링크트리를 비롯한 시장조사기관들은 크리에이터 이코노미[1] 시장 규모가 2021년 기준 1,042억 달러(약 132조 원)로 2019년 대비 두 배 이상 성장했다고 추산했다. 이중 유튜브의 경우 2021년에만 288억 5,000만 달러(약 36조 5,800억 원)의 광고 매출을 벌어들였다. 1,500만 명의 크리에이터가 1분마다 약 500시간 분량의 동영상 콘텐츠를 업로드하고 매일 1억 2,200만 명 넘는 사용자가 방문해 50억 개 이상의 동영상을 시청하면서 발생하는 매출이다.

국내에서도 크리에이터 이코노미 규모는 크게 늘고 있다. 한국전파진흥협회의 보고서 「2022년 1인 미디어 산업 실태조사」에 따르면 1인 미디어 산업 매출액은 2조 5,056억 원에 이른다. 광고, 콘텐츠 유통, 매니지먼트 등이 모두 포함된 수치다. 개인 크리에이터의 평균 수익은 2021년 2,082만 원 정도로 나타났다. 광고 수익 1,392만 원과 협찬 수익 277만 원 등이 여기에 포함된다. 언뜻 보면 개인 크리에이터의 평균 수익이 전체 산업 규모에 비해 적어 보인다. 이는 연간 광고 수익이 100만 원 미만인 크리에이터가 49.4%에 달하기 때문이다. 두 번째로 비중이 높은 수익원인 협찬의 경우에는 수익이 전혀 발생하지 않은 크리에이터가 49%였다. 국내 크리에이터 중 절반 이상(54.5%)이 구독자 수가 1만 명이 채 되지 않으니 수익이 적은 것은 당연한 일이다.

그러나 유의미한 소득이 발생하여 세금 신고를 한 자료를 살펴보면 상황이 조금 다르다. 국세청 자료에 따르면 2020년 귀속된 미디어 콘텐츠 창작 사업자 1,719명의 총 연간 수입은 1,760억 원으로 1인 평균 1억 243만 원이다. 이중 상위 10%의 평균 연간 수입은 5억 1,313만 원으로 월평균 4,200만 원에 이른다. 촬영 경비 등 비용을 빼면 연 3억 600만 원인 셈이다. 이는 국내 근로소득자의 평균 소득(연 3,828만 원)을 훌쩍 넘는다.[2]

이처럼 많은 구독자를 보유하고 높은 조회수를 기록하는 유명 크리에이터들의 소득이 높은 것은 사실이지만 그보다 활동을 이어갈 수 있을지를 더 걱정한다. 초등학생 희망 직업 조사에서 유튜버(크리에이터)는 상위권에 오르지만 실제로 전업 크리에이터 대부분은 앞서 자료로 살펴봤듯 투자하는 시간과 노력만큼의 수익을 내지 못한다. 유튜브에선 구독자 1,000명이 넘고 1년간 콘텐츠 시청 시간 4,000시간을 충족해야 창작자가 광고 수익을 받을 수 있다. 이마저도 45%는 수수료로 구글의 몫이 된다. 숏폼 콘텐츠의 유행을 이끄는 틱톡은 플랫폼 광고 수익을 크리에이터에게 배분하지 않았다(대신 틱톡은 '크리에이터 마켓플레이스'를 만들어 크리에이터와 광고주를 직접 연결하는 지원을 한다). 이 같은 이유로 미국 실리콘밸리에선 "대형 플랫폼이 콘텐츠에 대한 책임은 안 지면서 공짜로 창작자들을 부려 이익을 착취한다."라는 비판도 나온다.[3]

플랫폼들도 이 같은 비판에 대응하고자 수익 모델의 다양화를 추진하고 있지만 기업의 이윤과 크리에이터와의 수익 분배 비율은 쉽게 계산이 나오지 않는다. 광고 수익 비율 조정이나 광고 형태의 변화가 예상된다고 해도 크리에이터로서는 광고 수익만을 기대하긴 미래가 불확실하다. 더 다양한 수익 분배 방안을 고민해야 할 시기다.

크리에이터의 수익 모델을 살펴보려면 '크리에이터 이코노미'를 조금 더 자세히 들여다볼 필요가 있다. 크리에이터 이코노미는 1인 창작자 주변의 모든 산업을 포함한다. 따라서 크리에이터 이코노미가 창작자 개인의 수익으로 직결된다고 볼 수는 없다. 그럼에도 산업의 큰 흐름은 크리에이터의 현재는 물론 향후 방향을 예측하는 데 참고할 만하다.

고객직접판매가 가능해지는 모델로 진화한다

● ● ●

크리에이터 이코노미를 논할 때 가장 큰 축이 되는 것은 웹 환경의 발전 단계다. 웹 환경의 변화에 따라 콘텐츠도 텍스트에서 오디오로,

오디오에서 영상으로 발전해왔던 것과 같은 흐름이다. 웹 환경의 진화는 기업의 홍보는 물론 수익화에도 이미 영향을 미쳤다. 온라인 광고를 통한 홍보에서 직접 판매하는 온라인 쇼핑으로 진화했다. 그 후 금융의 온라인화가 빠르게 진행되면서 결제의 편의성이 더해졌다.

현재는 대부분 재화와 서비스를 온라인으로 구매 또는 신청 가능하며 PC보다 모바일에서 더욱 편리한 환경이 만들어졌다. 기업은 재화와 서비스를 단순히 판매하는 것에 그치지 않고 커뮤니티 활동이나 정기 이용권 등을 온라인 환경에서 유료로 제공하며 수익을 올린다. 최근에는 메타버스에서 매장을 운영하거나 이벤트를 여는 등의 시도를 하고 있다.

크리에이터들도 웹의 진화와 함께 수익 모델의 변화를 겪게 될 것으로 예상된다. 크리에이터 이코노미 전문가들이 분류한 발전 예측 모델을 살펴보자.[4] 크리에이터 이코노미 1.0은 초기 웹 2.0 환경을 바탕으로 한다. 콘텐츠 개방과 공유가 특징인 웹 2.0 환경에서 소셜 미디어를 통해 크리에이터들이 활동하는 현재에 해당하는 시기다. 이 시기 수익 모델은 플랫폼 광고 수익과 협찬이 주를 이룬다. 현재 크리에이터들의 수익 모델과 일치한다. 그러나 앞서 언급했듯 플랫폼의 광고 수익 배분이 크리에이터에게 불리하고 양극화 또한 심해지면서 이 같은 수익 모델의 한계가 드러나고 있다.

크리에이터 이코노미 2.0은 현재의 한계를 극복하는 단계라고 볼수 있다. 후기 웹 2.0 환경을 기반으로 유료 구독과 직접 구매를 수익모델로 삼을 수 있다. 플랫폼 광고 수익 배분으로 일정 비율만을 배분받을 수 있던 이전 단계와 달리 고객직접판매D2C, Direct to Customer 방식으로 직접 거래를 통해 수익을 올릴 수 있다는 점이 가장 큰 변화다. 유료로 진행되는 크리에이터 중심의 별도 강의나 커뮤니티 활동 등이 현재 시작되고 있다는 점에서 이미 이 단계에 들어섰다고 볼 수 있다. 이 단계에서는 소비자들과 직접 거래가 이뤄지므로 크리에이터의 역량이 더욱 중요해진다. 반대로 생각해서 크리에이터의 역량이 갖춰졌다면 그 가능성으로 크라우드 펀딩이나 벤처 투자를 받아 콘텐츠 크리에이터로서 입지를 다질 수도 있을 것으로 기대된다. 이 것은 이미 현실화되어 투자를 받은 크리에이터들도 꽤 있다.

웹 3.0 시대의 개인 크리에이터들이 등장한다
● ● ●

크리에이터 이코노미 3.0은 아직 우리 앞에 본격적으로 펼쳐지지 않은 미래다. 웹 3.0 환경을 바탕으로 콘텐츠의 소유와 거래의 가치가 중시되는 것을 전제로 한다. 또 현재 기대를 받고 있는 메타버스나 블록체인 기술을 필요로 한다. 이 같은 환경이 갖춰진다면 메타버스 내에서 콘텐츠를 제공하는 개인 크리에이터들이 등장할 것이다. 현재 메타버스 내 콘텐츠는 기업들이 일부 시범적으로 제공하는 정도이다. 하지만 메타버스가 본격적으로 대중화된다면 다양한 개인 크리에이터들의 활동이 활발해질 것이다(현재도 그러한 조짐을 보이고 있다).

또 블록체인 기술을 바탕으로 한 NFT_{Non-Fungible Token}는 온라인에서의 콘텐츠 가치를 높일 것으로 기대된다. NFT는 온라인 콘텐츠의 가장 무거운 딜레마인 오리지널리티_{originality}의 가치를 규정할 수 있는 기술로 기대를 모은다. 원본과 복사본의 차이가 무색해진 온라인 콘텐츠에서 고유한 원본의 가치를 유지할 수 있기 때문이다. 크리에이터 이코노미 3.0은 이 같은 기술을 바탕으로 더 다양한 크리에이터들이 등장할 것으로 전망되는 단계다. 현재의 영상이나 오디오 콘텐츠 외에 미술이나 사진 같은 전통적인 예술이 온라인에서 거래되며 수익을 일으킬 수 있다. 이는 콘텐츠 산업의 전통적인 개념을 바꿀 정도의 파도가 될 것이다.

일러스트레이터 출신 NFT 아티스트 '미스터 미상'은 한국을 넘어 아시아를 대표하는 아티스트로 알려져 있다. 그를 세계적인 NFT 작가의 반열에 올린 첫 작품은 「모던 라이프 이즈 러비시Modern Life is Rubbish」 시리즈로 초경쟁적인 직장 문화를 담은 작품이다. 미스터 미상은 10년간 국내 기업들을 클라이언트로 작업해 온 일러스트레이터였다. 그랬던 그가 현재는 슈퍼레어[5] 마켓 플레이스의 역대 아티스트 거래 명단에서 상위에 랭크되고 있다. 미스터 미상은 자신의 작품들이 고가에 거래되고 있음에도 "금전적인 부분보다 NFT 아트의 가능성을 보고 많은 사람이 예술적 시도를 하기를 원한다."라고 밝혔다.[6] 크리에이터 이코노미 3.0의 시대에 크리에이터들은 새로운 환경에서 더 다양한 창작물을 시도할 수 있을 것이라는 기대를 불러일으키는 말이다.

다시 현새로 돌아와보자. 2023년 기준 크리에이터 이코노미는 1.0에서 2.0 사이의 이행기라고 볼 수 있다. 크리에이터가 직업으로 인정받을 만한 수익이 발생한 지점이 1.0의 시대라면 현재 시도되는 새로운 수익 모델들은 2.0의 시대에 속해 있다. 플랫폼의 광고 수익 배분을 무시할 수는 없지만 점차 기대 수준을 낮출 수밖에 없는 현실 속에서 크리에이터 개인이 팬덤을 바탕으로 수익을 창출해야 하는 단계라고 할 수 있다.

2. MCN의 변화에서 운영을 배운다

크리에이터 이코노미 2.0 시대에 크리에이터의 수익 창출에 고객 직접판매D2C 방식이 도입되며 이에 따라 개인의 역량이 중시된다는 부분은 현실을 자세히 들여다보면 자연스러운 변화다. 크리에이터들의 활동을 지원하고 관리하는 MCNMulti Channel Network의 변화에서 이를 읽을 수 있다.

MCN은 크리에이터 개인이 플랫폼 광고 수익 배분 외 다른 수익활동에 어려움을 겪을 때 새로운 시장을 열 수 있을 것으로 기대됐다. 크리에이터와 계약해 관리하면서 브랜디드 콘텐츠 연결이나 굿즈[7] 기획 등을 진행해 수익을 발생시킬 수 있으리라는 것이다. 연예인들이 기획사에 소속되어 활동하는 것과 같은 원리다. 그러나 이 같은 MCN의 청사진은 그들 뜻대로 완성되지 못했다.

MCN은 크리에이터들에게 활동을 지원하고 더 나은 콘텐츠를 위해 함께 기획하며 본연의 역할을 수행했다. 소속 크리에이터들 간 협업을 연결하며 새로운 스타 크리에이터도 만들어냈다. 이를 바탕으로 브랜드 협업이나 이벤트 진행이 가능했다. 투자 유치도 활발하게 이뤄졌고 국내 크리에이터 콘텐츠의 해외 판매 등의 성과도 올렸다.

MCN은 오리지널 콘텐츠 제작으로 가고 있다

● ● ●

문제는 운영 구조였다. 크리에이터 콘텐츠들은 개인의 캐릭터가 큰 부분을 차지한다. 따라서 MCN 또한 크리에이터에 대한 의존도가 높을 수밖에 없었다. 유명 크리에이터와 계약하기 위해선 상당한 지출이 불가피했고 계약 조건도 불리했다. 한국전파진흥원의 「2022 1인 미디어 산업 실태조사 보고서」에 따르면 MCN사와 크리에이터의 광고 협찬 수익 배분은 평균적으로 크리에이터가 71.3%고 MCN이 28.7%를 가져가고 있는 것으로 조사됐다. 구독자가 많아 수익 발생 가능성이 큰 크리에이터는 평균치를 상회한다. 실제 수익 배분 금액에서 MCN 측이 더 불리했을 것이다. 매출은 늘어나도 수익성은 저조할 수밖에 없는 구조다. 또 크리에이터 중심의 콘텐츠가 기반이다 보니 계약이 만료된 크리에이터를 붙잡기 쉽지 않은 어려움도 있다.

상황이 이렇다 보니 최근 MCN은 크리에이터 매니지먼트를 넘어 오리지널 콘텐츠 제작으로 눈을 돌리고 있다. 크리에이터 도티가 공동창업자로 나선 샌드박스네트워크는 2022년 말 인력을 감축하고 사업 방향을 전환하는 결정을 내렸다. 자체 제작 기반의 콘텐츠 생산과 웹 2.0 기반 크리에이터 지식재산권IP 비즈니스, 웹 3.0 기반의 게임 및 크립토 사업에 집중하겠다고 알린 것이다. 직전 년도인 2021년 샌드박스네트워크의 매출은 1,136억 원에 달했지만 영업손실이 121억 원이었다. 또 다른 대형 MCN인 트레져헌터도 2020년 영업손실 18억 원, 2021년 영업손실 61억 원으로 손실이 누적되어 왔다.[8]

「2022 1인 미디어 산업 실태조사 보고서」에서 MCN 사업 영역 중 오리지널 콘텐츠 제작이 78.9%로 가장 높은 비중을 차지하는 것으로 나타난 부분도 이와 무관하지 않을 것이다. 오리지널 콘텐츠 제작의 경우도 출연 크리에이터에게 평균 60.7%의 수익을 배분하지만 앞서 살펴본 PPL 광고 협찬에 비해서는 MCN의 몫(39.3%)이 더 크다. MCN에 소속된 크리에이터들도 불만이 없지는 않다. 크리에이터들은 독자적으로 자신의 개성을 살려 콘텐츠를 제작하는 데 익숙하지만 소속사가 생김으로써 제약을 받는 부분이 있기 때문이다. 또 채널 관리나 라이센스 비즈니스 등의 분야에서는 MCN이 더 높은 비율로 수익을 책정하기 때문에 이에 대한 불만도 있다.

크리에이터 이코노미는 변화의 시기를 지나고 있다
● ● ●

연예기획사는 연예인의 발굴부터 훈련, 활동 분배, 조율 등의 역할을 한다. 방송 또는 공연 분야의 네트워크도 기획사가 가진 자산이다. 소속 연예인은 기획사가 투자한 결과물이고 기획사는 그만큼의 영향력을 미칠 수 있다. 이 부분에서 MCN은 연예기획사와 차이가 있다. MCN에 소속된 크리에이터들의 영향력은 MCN이 투자해 만들어낸 성과가 아니다. 크리에이터는 독자적으로 활동할 수 있으며 자신의 힘만으로 온라인 플랫폼에 얼마든지 콘텐츠를 노출할 수 있다. MCN으로서는 유명 크리에이터와 계약해 수익을 배분하는 방식보다 직접 발굴해 성장시키는 전략이 필요하다.

이렇듯 현재 크리에이터 이코노미는 변화의 시기를 지나고 있다. 이 책에서는 크리에이터 개인에게 초점을 맞추는 만큼 산업 전반의 흐름보다 크리에이터의 입장을 자세히 살펴보려 한다. 유튜브 광고 단가는 점차 낮아지고 있고 수수료를 제외한 금액만을 받을 수 있는 크리에이터는 수익을 올리기가 더욱 어려워졌다. 크리에이터들의 고민이 깊어질 수밖에 없는 상황이다. 크리에이터 이코노미가 진화하면서 새로운 수익 창출 모델이 등장할 것이다. 하지만 크리에이터들에게 필요한 것은 활동의 지속을 위한 당장의 수익이다. 현재 활동을 이어가는 크리에이터들은 어떻게 지속가능한 수익을 만들어내고 있는지 알아보자.

3. 브랜디드 콘텐츠에서 기회를 만든다

브랜디드 콘텐츠도 수익 모델이다

● ● ●

현재 유튜브에서 활동하는 크리에이터들에게 비중이 높은 수입원은 기업 또는 기관과 협업해 만드는 브랜디드 콘텐츠다. 기업이나 기관은 크리에이터에게 콘텐츠 제작비를 지원하고 크리에이터는 의뢰 취지에 맞는 아이디어로 콘텐츠를 만든다. 이로써 의뢰한 기업이나 기관은 크리에이터의 독창적인 아이디어와 인플루언서로서의 영향력을 활용해 원하는 메시지를 확산시킨다. 유튜브 광고 수입만으로는 전업 크리에이터 활동을 이어가기 어렵다는 것이 크리에이터들의 공통된 의견이었다. 공동구매 진행이나 굿즈 판매도 대안으로 떠오르고 있지만 아직 충분히 활성화된 시장이라고 보기는 어렵다.

앞서 만나본 크리에이터 중에는 다른 방법으로 수익을 창출해 크리에이터 활동을 지속하는 경우도 있다. 「올블랑 TV」는 처음부터 사업화를 계획해 시작된 채널인 만큼 콘텐츠를 바탕으로 다양한 사업을 펼치는 기업이 됐다. 「한나 코레아나」의 한나는 모델 활동을 병행하며 자신의 브랜드를 론칭했다. 「대신남 말방구실험실」의 유종진은 라이브 커머스를 준비하고 있고 수면 전문가 브레이너 제이는 회사를 설립해 교육 프로그램을 만들었다. 「지식인미나니」의 이민환은 과학 커뮤니케이터로서 강연을 해 추가 수익을 낸다. 이들의 수익 활동은 모두 크리에이터로서의 영향력과 콘텐츠를 바탕으로 하고 있지만 '전업 크리에이터'로 발생하는 수익이라고 보기는 어렵다. 콘텐츠 자체가 아니라 별도 사업이나 개인 활동에 의한 것이기 때문이다.

장기 전망이 아닌, 현재의 환경을 봤을 때 크리에이터에게 주어진 가장 유력한 수익 모델은 결국 브랜디드 콘텐츠다. 따라서 더 많은 광고주가 필요로 하는 채널을 만드는 것도 크리에이터에겐 중요한 숙제다. 특정 분야에서 확실한 신뢰도와 인지도를 가지거나 다양한 광고주와 접점을 가질 수 있는 콘텐츠들을 만들어야 한다.

콘텐츠의 주제를 바꾸어 확장하다

● ● ●

유튜브 채널 「파파네가족」은 2017년에 장난감 리뷰로 시작한 채널이다. 채널을 운영하는 '파파' 임재승은 아내와 아이를 갖기로 얘기하다가 '아이에게 보여줄 만한 영상'을 만들어 선물하겠다는 마음으로 영상 제작을 시작했다. 채널은 그의 아이뿐 아니라 전 세계의

「파파네가족」의 임재승

많은 아이에게 선물이 되어 약 57만 명의 구독자를 보유하게 됐다.

장난감 리뷰 채널로 시작했을 당시 채널명은 「파파네토이」였다. 다양한 인형이나 놀이도구를 리뷰하는 콘텐츠를 올렸지만 처음에는 조회수가 잘 오르지 않았다. 그러던 중 해외 채널에서 새로운 인형 브랜드를 발견했고 그것이 도약의 발판이 됐다. 그 인형 브랜드는 'L.O.L 서프라이즈!'였다.

"처음 보는 브랜드였어요. 그런데 미국에서 잘되는 채널들이 다 그 브랜드 인형을 다루더라고요. 아직 우리나라에는 정식으로 수입 유통이 안 되고 있었고 조금씩 개인적으로 사서 들어오는 인형이었죠. 그래서 저도 한번 올려보자고 생각해서 콘텐츠로 만들었는데 반응이 오더라고요. 그때가 국내 업체에서 막 유통하려던 그 시기였어요."

당시 'L.O.L 서프라이즈!'를 다룬 국내 콘텐츠가 별로 없었기에 그의 영상은 검색 상단에 노출될 수 있었다. 'L.O.L 서프라이즈!' 인형을 집중적으로 다루고 콘텐츠가 쌓이면서 구독자가 늘기 시작했다. 임재승은 인형 리뷰에 연애, 공포, 풍자 등의 스토리를 접목해 차별화했고 더 많은 구독자를 확보해 나갔다. 이후로도 킨더조이 속 완구를 시리즈로 올리며 장난감 콘텐츠를 쌓았다. 그렇게 「파파네토이」는 외국에서 유입되는 비율이 절반이 넘을 정도로 국제적인 채널로 성장했다.

그러나 임재승은 2021년에 「파파네토이」 채널명을 「파파네가족」으로 바꿨다. 콘텐츠 소재도 장난감에서 가족의 일상으로 새롭게 설정했다. 이후로는 딸과 함께 출연해 대화를 나누거나 특정 장소에 방문하는 모습을 보여주고 있다. 명확한 채널 정체성이 중요한 유튜브에서 매우 과감한 결정이다. 임재승도 플랫폼의 알고리즘 특징을 잘 알고 있었지만 이 같은 결정을 한 데는 이유가 있었다. 광고 협찬, 즉 브랜디드 콘텐츠 때문이었다.

"토이만 하다 보니까 외부 협찬을 받는 데 한계가 있었어요. 완구 업체에서만 접촉이 있었죠. 그런데 완구 업체는 우리나라에 대기업이 없어요. 시장점유율이 가장 높은 곳이라고 해도 대기업이 아니에요. 중소기업은 홍보에 쓸 수 있는 예산이 크지 않잖아요. 그래서 '토이'를 빼고 '가족'으로 바꿨죠. 채널명만 바꿨을 뿐인데 대기업들의 광고가 들어오고 분야도 다양해지더라고요. 예산도 훨씬 크게 제안을 받게 됐고요."

그가 선택한 전략은 더 많은 광고주와 만날 수 있도록 접점을 넓히는 것이었다. 가족 일상 채널을 전면에 내세우면서 생활용품 브랜드, 지방자치단체, 각종 박람회 등 다양한 곳에서 협찬 제안을 받았다. 침구 브랜드와 함께 공동구매를 진행하기도 했다. 결과적으로 그의 채널 방향 조정은 성공적이었다.

"저는 유튜브 강의 가서도 초기에 타깃 시청자를 좁게 설정한 뒤 채널이 어느 정도 자리를 잡으면 범위를 넓혀갈 필요가 있다고 말씀 드려요. 사람들이 관심을 갖는 분야가 계속 달라지잖아요. 제가 했던 L.O.L도 마찬가지였어요. 한참 유행 때 채널도 빠르게 성장했지만 인기가 조금씩 식어가면서 제 채널도 한계가 드러나더라고요. 그래서 토이에 국한되기보다 더 넓은 방향으로 간 거죠."

그의 설명에서 '더 넓은 방향'이라는 부분을 조금 더 생각해보자. 「파파네토이」에서 「파파네가족」으로의 변화는 전환이 아니라 확장 이었다. 아이들이 보는 토이 콘텐츠였기에 그 아이들이 조금 더 다양한 내용을 이해할 수 있을 만한 시기에 폭넓은 내용을 담는 콘텐츠로 주제를 확장한 것이다. 이로써 그는 구독자 이탈을 최소화하면서 협찬 분야의 범위도 넓힐 수 있었다.

현재 「파파네가족」 채널에서는 소상공인시장진흥공단, 한국유가공협회, 수협중앙회, 서울특별시 등이 협찬한 콘텐츠를 볼 수 있다. 토이 분야로만 국한된 채널이었다면 접점이 없었을 곳들이다.

브랜디드 콘텐츠에 접근하는 다양한 전략이 필요하다
● ● ●

가족 일상 채널은 근래 관공서 및 공공기관이 유튜브 광고 비중을 계속해서 늘려가는 환경에서 더욱 경쟁력이 있다. 관공서의 특성상 인기가 많은 크리에이터라도 자극적이거나 마니아 중심의 콘텐츠를 다룬다면 그 채널에 협찬 광고를 제안하기 어렵다. 정책사업이나 지역 홍보는 보통 전 국민을 대상으로 하기 때문에 보편적으로 확산될 수 있는 채널을 찾게 된다. 부모와 아이가 함께 출연하는 「파파네가족」 같은 채널이 적격이다. 거친 표현이 사용될 염려도 없고 어린아이부터 부모 세대에게까지 폭넓게 노출될 수 있는 장점도 있다.

유튜브에 협찬을 받은 콘텐츠를 등록할 때는 유료 광고가 포함됐음을 밝혀야 한다. 그러나 시청자들은 광고가 포함됐다고 해서 콘텐츠를 굳이 거부하지 않는다. 광고 메시지가 담겨 있어도 콘텐츠로서 정보와 재미가 있다면 만족한다. 지나가기만 기다리다가 스킵 버튼으로 넘기는 유튜브 영상 광고보다 브랜디드 콘텐츠가 선호되는 이유다. 이 말은 반대로 광고 메시지를 담았더라도 콘텐츠 자체만으로도 가치가 있어야 한다는 뜻이기도 하다. 임재승은 브랜디드 콘텐츠에 대해 "내가 볼 때도 귀엽고 재미있게 만들어야 한다."라고 설명했다.

"협찬 콘텐츠는 광고주가 넣어달라고 하는 화면이나 메시지가 있어요. 제 기획이 들어가더라도 광고주의 의도를 잘 살리는 게 우선이기는 하죠. 그래도 제가 볼 때 재미있게 만들려고 해요. 저희 딸을 일부러 등장시키는데 어린아이가 엉뚱한 행동을 하니까 거기에서 생각지도 못한 재미가 나오거든요. 광고주 쪽에서도 아이가 나오면 귀엽기도 하니까 흐뭇하게 볼 수 있잖아요. 또 아이가 나와서 인사하면 보는 사람이 어린아이여도 친구처럼 거부감 없이 볼 수 있겠죠."

구독자 50만 명이 넘는 규모의 채널에서 큰 변화를 시도하기는 절대 쉽지 않다. 더욱이 임재승은 야시장에서 사용하는 열악한 조명 하나에 캠코더 하나만을 가지고 시작해 성장시켰기에 채널에 대한 애착이 컸다. 잠을 줄여가며 주 6회 업로드를 하기도 했다. 그렇게 안착시킨 채널의 방향을 바꿀 만큼 콘텐츠를 통한 수익의 발생은 중요한 문제였다. 「파파네가족」 채널의 변화와 성과는 브랜디드 콘텐츠에 접근하는 전략의 한 예시이자 현재의 유튜브 콘텐츠 시장을 크리에이터가 잘 이해하는 것이 얼마나 중요한지를 보여주는 사례다.

서울시와 서울경제진흥원이 함께 진행하는 '크리에이티브 포스(1인 미디어 창작자 육성 지원사업)' 사업에서는 이 같은 상황에 맞게 기업과 크리에이터의 브랜디드 콘텐츠 제작을 연결하고 있다. 서울시 정책 및 사업 스토리와 우수 중소기업의 브랜디드 콘텐츠를 적합한 크리에이터와 연결함으로써 지속가능한 크리에이터 활동을 위한 기회를 제공한다. 실제로 많은 크리에이터가 '크리에이티브 포스'를 통해 브랜디드 콘텐츠를 제안하는 기획 방법이나 제안서 작성법 등을 배워 수익을 창출하고 있다.

1,000명의 팬은 숫자보다 열성이 중요하다

● ● ●

크리에이터의 수익 문제를 이야기할 때 자주 거론되는 '열성 팬 1,000명'이라는 기준이 있다. 기술 문화 전문지 『와이어드』를 공동 창간하고 편집장을 역임한 케빈 켈리가 블로그에 쓴 '열성 팬 1,000명1,000 True Fans'[9]에서 나온 말이다. 그는 이 글에서 롱테일 법칙은 아마존과 같은 통합 유통 사업자에겐 좋은 것이지만 창작자들에게는 축복이자 저주라고 지적했다.

롱테일 법칙은 잘 팔리는 20%의 상품보다 판매량이 적은 80%의 '긴 꼬리'가 전체 판매량에서 차지하는 비중이 더 크다는 법칙이다. 롱테일 법칙의 '긴 꼬리'는 전체 판매량에서의 비중은 클지 모르나 그 꼬리 부분에 있는 창작자 개인의 수익을 만들어주지는 않는다.

케빈 켈리는 '열성 팬 1,000명'을 창작자들이 대히트를 기록해 잘 팔리는 20%에 들지 않고도 꼬리 부분을 벗어날 수 있는 기준으로 제시했다. "예술가, 음악가, 사진사, 공예가, 공연가, 애니메이션 창작자, 디자이너, 영화 제작자, 작가 등과 같은 창작자 즉 작품을 창작하는 이들은 골수팬 1,000명만 있으면 먹고산다."라는 것이다. 수만에서 수십만 팔로어를 보유해도 수익 창출을 고민해야 하는 현재의 크리에이터 환경에서 언뜻 공감되지 않는 얘기일 수도 있다.

그의 논리는 이렇다. 이때 말하는 '열성팬'(번역어이므로 '골수팬' '찐팬' 무엇으로 이해해도 상관없다)은 창작자가 만드는 것이라면 무엇이든 사주는 사람들이다. 자신이 좋아하는 창작자와 관련된 모든 상품을 구매하고 새로운 콘텐츠가 나올 때마다 기꺼이 지갑을 여는 사람들이다. 그러한 팬들이 1,000명만 있으면 창작자의 생계가 보장될 것이라고 설명한다.

과연 그럴까? 팬 한 명이 창작자를 후원하는 데 1년에 하루 일당 정도를 쓴다고 가정해보자. 우리나라 기준으로 7만 원이라고 치면 1,000명의 팬으로부터 창작자가 얻을 수 있는 수익은 연간 7,000만 원이 된다. 크리에이터를 꿈꿀 때 기대한 만큼의 큰 소득은 아닐지라도 전업 크리에이터로 활동을 이어가기에는 충분한 금액이다.

'열성 팬 1,000명' 기준에서 핵심은 1,000명이라는 숫자보다 '열성 팬'으로 표현된 팬들의 충성도다. 구독자 1,000명이 있다면 열성 팬, 골수팬으로 만드는 것이 중요하다. 그와 같은 열성 팬덤이 1,000명을 넘어 수천 명으로 또 그 이상으로 늘어난다면 수익도 더 크게 발생할 것이다.

시청자에서 구독자로, 구독자에서 팬으로 만들 때 그들과의 소통이 필수적임을 우리는 바로 앞 장에서 살펴봤다. 사람을 끌어당기는 크리에이터의 캐릭터와 독창적인 스토리텔링의 중요성도 이미 확인했다. '열성 팬 1,000명'은 크리에이터가 갖춰야 할 요소들을 충실히 채우면 자연스럽게 확보될 것이다.

충성도 높고 적극적인 팬덤은 후원이 아니더라도 수익화에 도움이 될 수 있다. 크리에이터와 브랜디드 콘텐츠를 만들고자 하는 광고주 중에도 특정 집단에 집중하려는 기업이 있기 때문이다. 예를 들어 바이크 액세서리 브랜드라면 바이크에 진심인 사람들을 타깃팅하여 광고 메시지를 노출하면 된다. 바이크가 위험하다고 생각하는 사람들에게까지 브랜드가 노출될 필요는 없다. 만약 강한 팬덤을 가진 바이크 리뷰 크리에이터가 해당 브랜드와 협업해 콘텐츠를 만든다면 그의 팬들 대다수가 해당 브랜드 제품을 구매하려 할 것이다.

음식을 만들면서 지식 교양도 한 스푼 더하다
● ● ●

이번에 만날 크리에이터는 비교적 적은 구독자를 가졌지만 특별한 캐릭터와 콘셉트로 단단한 팬덤을 구축한 크리에이터다.

「화니의 주방」 채널을 운영하는 화니는 요리사로 일을 하면서 요리 블로그를 운영했다. 블로그에 필요한 사진을 찍다가 촬영에 재미를 붙였고 케이블TV에서 요리 채널을 본 뒤 영상 콘텐츠를 만들어보고 싶다는 의욕을 가졌다. 2015년부터 영상을 제작하기 시작해

「화니의 주방」의 이주환 (출처: GIN)

2023년 기준 600편 넘는 콘텐츠를 채널에 업로드했다. 그사이 모인 구독자는 10만 7,000명 정도다.

여느 요리 유튜버처럼 화니도 요리 과정을 보여주는 레시피 영상으로 시작했다. 2년간 꾸준히 영상을 올렸고 시청자들에게 원하는 요리를 신청받아 콘텐츠를 제작하기도 했다. 중간에 라드(돼지 비계를 녹여 만드는 기름) 만드는 영상이 외부 커뮤니티에 공유되면서 구독자가 크게 늘었던 적도 있지만 수익으로 연결되지는 않았다.

"유럽이나 북미권 채널을 보면 레시피 영상만으로도 협찬이 많이 붙더라고요. 그런데 우리나라는 달랐어요. 2년 동안 레시피 영상을 올렸는데 단 한 건의 광고도 안 들어오더라고요. 유튜브 광고 수익이 전부였는데 한 달에 400달러 정도였으니까 재료비도 안 됐죠."

화니의 콘텐츠가 달라지기 시작한 것은 의외의 계기를 통해서였다. 콘텐츠 지원 사업에 신청했다가 서류 심사에서 떨어졌던 것이 시작이었다. 탈락 사유가 궁금해 메일로 문의하니 '독창성이 부족하고 차별성이 없다.'라는 답변이 돌아왔다. 이를 계기로 레시피 영상만으로는 안 되겠다는 생각을 하고 요리와 관련된 설명 영상들을 만들기 시작했다. 소스의 유래와 원리, 금속별 팬의 특성, 뚝배기 음식이 맛있는 이유 등을 분석적으로 설명하는 콘텐츠들이 「화니의 주방」 채널에 업로드됐다.

"어떤 사람들은 왜 쓸데없는 걸 올리냐고 하기도 했어요. 음식 맛있게 하는 법이나 알려달라는 요청이 많았죠. 그런데 저는 2년 동안 고생을 해봤잖아요. 그냥 '싫으면 보지 마시라.'라는 생각으로 제 마음대로 했어요. 제가 공대 출신이다 보니까 공학적인 접근을 많이 했죠. 뚝배기의 물질적인 특성과 간장이 만들어지는 원리 같은 얘기들을 했어요. 그게 다른 채널들과 차별화가 된 것 같아요. 다른 채널에서는 주물 팬을 사용하면서 '이렇게 하면 맛있어져요.'라고 하고 끝이지만 저는 '주물팬은 쇳물을 녹여서 팬을 만드는데 이렇게 만들면 잘 깨지기 때문에 두껍게 만들 수밖에 없습니다. 그로 인해서 열을 많이 가질 수 있고 재료를 넣었을 때 팬에서 잘 식지 않습니다.'라고 이런 설명을 하니까요. 그 포인트 때문에 계속 보시는 것 같아요."

음식과 지식 교양이 결합된 「화니의 주방」 채널만의 콘텐츠는 그렇게 시작됐다. 정확한 설명을 위해 식품영양학이나 식품공학 학회지를 찾아 논문들을 읽고 확인하며 콘텐츠를 준비했다. 콘텐츠가 쌓여가면서 이 같은 내용을 좋아하는 사람들이 천천히 모여들었다.

요리법에서 탈피하니 오히려 광고 의뢰도 들어왔다. 도구에 대해 자세히 다루다 보니 프라이팬이나 식칼 등 조리도구 광고와 연결이

「화니의 주방」

됐고 식자재의 특성을 설명하다 보니 식자재 브랜드와 연결됐다. 채널의 성장세는 꺾였지만 오히려 수익은 늘었다.

2070년의 미래 식당에 초대합니다

● ● ●

화니의 독특한 콘셉트가 가장 많이 담긴 콘텐츠는 '늑대식당' 시리즈다. '늑대식당'은 2070년 인류의 1%만 살아남은 미래 도시에서 생존 요리를 서비스하는 식당의 이야기를 담은 기획물이다. 최소한의 재료와 에너지로 음식을 만들어내고 귀하게 구한 식재료를 보관하는 모습들을 스토리에 담아 보여준다. 이 과정에서 요리의 기원과 식재료 보관법의 관계가 설명된다. '늑대식당' 시리즈는 크리에이터로서 화니의 개인 캐릭터가 담긴 콘텐츠다. 화니는 실제로 소설을 쓰기도 했고 음식 다큐멘터리를 보며 영상과 연출을 독학했다. 또 프레퍼prepper[10]라는 특징도 있다.

"저는 20대 초반부터 프레퍼였어요. 그렇다 보니 늑대식당에 소품으로 쓸 만한 생존장비들은 많이 가지고 있었죠. 늑대식당의 세계관도 제가 썼던 좀비 소설 에피소드 중 하나를 가져온 거예요. 도시가 폐허가 된 뒤 콘크리트 사막에서 식당을 운영하는 어떤 사람의 이야기죠."

'늑대식당' 시리즈는 그만의 특별한 캐릭터를 보여줌으로써 팬덤을 더욱 강화했다. 캠핑용품과 관련이 있어 제휴 판매도 진행했다. 드라마 같은 연출과 자연광을 활용한 촬영으로 제작해 브랜디드 콘텐츠 제안 시 좋은 샘플이 되기도 한다.

구독자가 100만 명이 넘는 국내 채널들이 많아서 「화니의 주방」의 구독자 수가 눈에 띄지 않는 것은 사실이다. 그러나 그 구독자들은 채널의 특별한 콘셉트가 취향에 맞아서 남은 팬들이라는 점이 중요하다. 화니의 독특한 콘텐츠 구성을 좋아하고 그것에 반응하는 사람들이다. 이러한 팬덤에 힘입어 화니는 강의 플랫폼 '클래스 101'에 중국요리 쿠킹클래스와 홍콩앤마카오 베이커리 클래스를 오픈했다. 또 제철 식품과 주방용품 등을 판매하는 쇼핑몰 '화니 스토어'도 문을 열었다.

전혀 수익이 없었던 때부터 긴 고민의 과정을 거쳐 지속가능한 활동의 발판을 마련한 화니는 사람들이 원하는 기획과 수익을 낼 수 있는 기획의 균형을 강조한다. 그는 여러 책이나 강의로 다뤄지는 유튜브 흥행의 공식에 대해 "소위 떡상(조회수가 급증하는 것)이 되고 나면 그다음엔 어떻게 할 건데요?"라고 의문을 제기했다. 크리에이터라면 콘텐츠 활동을 지속할 수 있는 수익 창출이 중요하다는 뜻이다.

"지금은 (사람들이 원하는 콘텐츠와 수익이 나는 콘텐츠 사이에서) 균형을 잡으려고 하는데요. 둘 중 하나를 선택한다면 수익을 내는 쪽으로 기울 것 같아요. 사람들이 요리하는 사람에게 원하는 건 장인 같은 모습이고 그걸 쫓다 보면 수익을 기대하긴 어렵거든요."

그가 말하는 '수익이 나는 콘텐츠'는 광고만을 위한 콘텐츠를 말하는 것이 아니다. 광고주가 보기에도 사람들에게 영향력 있는 메시지를 전달할 수 있는 크리에이터가 되어야 한다는 뜻일 것이다. 결국 확실한 팬이 얼마나 있는지, 그들과 얼마나 소통이 되는지의 문제다.

만약 당신이 광고주라면 흔한 콘텐츠 방식을 따라 해 200만~300만 조회수를 종종 기록하는 크리에이터와 다소 컬트적인 콘텐츠이지만 지지가 확실한 10만 명의 구독자가 있는 크리에이터 중 누구에게 협업을 제안할 것인가. 화니의 사례는 이 질문에 대해 현재 시장에서 통하는 답을 보여준다.

5. 크리에이터 수익의 원천은 팬덤이다

확실한 팬덤 구축이 중요하다

● ● ●

크리에이터가 수익을 올릴 수 있는 원동력은 크리에이터를 좋아하고 그의 콘텐츠를 즐기는 팬들의 지지다. 개인 크리에이터의 수익 활동뿐 아니라 크리에이터 이코노미 전체를 '팬덤 경제'라고 보기도 한다. 크리에이터 이코노미는 창작물에 대한 가치로 구성되고 그 가치는 팬들의 관심에서 비롯된다는 점에서 이 또한 당연한 얘기다.

이번 장에서 현재 가장 현실적인 크리에이터의 수익 방안으로 브랜디드 콘텐츠를 중점적으로 살펴봤다. 브랜디드 콘텐츠, PPL, 협찬 콘텐츠 등 표현은 제각각이지만 기업이나 기관의 지원을 받아 광고성 내용을 포함한 콘텐츠라는 점에서는 대동소이하다. 광고주들이 이 같은 광고성 콘텐츠를 계획할 때 과거에는 크리에이터가 운영하는 채널의 구독자 규모를 위주로 판단했다. 1만 미만, 1만~10만, 10만~50만, 50만~100만 이상으로 규모 단위를 나누는 방식이다. 구독자 규모는 여전히 중요한 기준이다. 하지만 최근에는 채널의 성장세, 영상 스토리텔링 방식, 구독자 수 대비 조회수 등을 종합적으로 따진다. 콘텐츠에 붙는 댓글이나 '좋아요' 수 등의 반응도 중요하게 여긴다. 과거부터 누적된 결과인 구독자 수보다 현재의 팬 반응이 중요하기 때문이다.

이는 기존 광고 시장에서 아이돌의 광고모델 효과와 유사하다. 팬들은 자신이 좋아하는 아이돌이 광고한 제품을 경쟁적으로 구입한다. 광고에서 그 제품이 매력적으로 보였기 때문이 아니다. 그 기업이 자신들의 '최애 아이돌'을 광고 모델로 기용했기 때문이다. 아이돌을 응원하는 입장에서 '내 스타'를 선택한 기업에 일종의 보상을 해주는 개념에 가깝다.

크리에이터와 팬의 관계는 전통적인 미디어 스타와 팬의 관계보다 더 친근하다. 크리에이터가 활동을 계속할 수 있도록 지원하는 브랜드를 팬들은 외면할 수 없다. 팬덤이 강한 크리에이터의 채널에서는 브랜디드 콘텐츠에 '앞으로 이 음료수만 먹겠다.' '광고 연장하시면 평생 이 신발만 사겠습니다.'라는 식의 댓글이 달린다. 노출량은 많지만 스치듯 지나가는 TV 프로그램의 PPL과 크리에이터의 브랜디드 콘텐츠는 이런 면에서 분명한 차이가 있다.

최근에는 현재의 구독자 수가 적지만 성장 가능성이 있는 크리에이터에게 브랜디드 콘텐츠를 제안하는 전략도 쓰이고 있다. 앞으로 구독자가 늘어날 것으로 기대되는 채널에 비교적 적은 비용으로 자신들의 메시지를 담은 콘텐츠를 미리 심어두려는 것이다. 이는 시간과 관계없이 언제든 콘텐츠를 볼 수 있는 온라인 콘텐츠 플랫폼의 특징이 반영된 전략이다. 예를 들어 1만 명이 채 안 되는 유튜브 채널에 미리 브랜디드 콘텐츠를 의뢰하면서 앞으로 삭제하지 말라는 조건을 붙여 계약했다고 생각해보자.

채널의 구독자가 늘기 시작할 때 새로 구독한 시청자들에게는 해당 채널의 과거 영상들이 추천되어 노출될 것이다. 만약 해당 채널의 주제가 시의성과 맞물려 성장세가 가파르다면 유튜브 알고리즘은 구독할 가능성이 있는 많은 이용자에게 더 공격적으로 과거 콘텐츠들을 보여줄 것이다. 또 유입된 구독자들이 크리에이터의 팬이 된다면 채널의 과거 영상을 하나씩 '정주행'하며 보게 된다. 이 같은 이유로 활동이 적은 구독자 수백만 명 규모의 채널보다 현재는 구독자 수가 많지 않지만 성장세가 뚜렷한 채널 여러 곳에 브랜디드 콘텐츠를 올리는 것이 장기적으로는 더 효과적일 가능성이 크다.

이러한 광고주들의 전략을 크리에이터의 입장에서 이해해보자. 광고주들이 원하는 것은 결국 실질적인 홍보 효과다. 브랜디드 콘텐츠에서 팬들이 긍정적인 반응을 보여야 한다. 광고성 콘텐츠인 것을 알면서도 콘텐츠 시청 시간을 유지하고 광고 메시지에 대해 반응해야 한다. 크리에이터로서는 광고주의 의도에 맞게 필요한 메시지와 화면을 충분히 노출하면서도 팬들의 기대에 어긋나지 않는 콘텐츠를 만들 수 있어야 한다. 이 같은 결과를 낼 수 있는 가장 확실한 방법은 '나의 콘텐츠라면 반드시 소비해주는' 확실한 팬덤을 구축하는 것이다.

브랜디드 콘텐츠와 함께 수익 창출 방안으로 떠오르는 공동구매와 굿즈 판매 역시 마찬가지다. 크리에이터와 관련된 것에 구매 의사를 갖는 팬들이 있어야 제품이 판매된다. 팬들의 구매력이 확인되면 크리에이터는 더 좋은 조건으로 다양한 제안을 받을 수 있다.

디지털 시대에도 사람에 대한 이해가 중요하다

● ● ●

현재 크리에이터의 수익 창출이 이뤄지는 과정을 전반적으로 보면 다음과 같은 세 가지 특징으로 요약된다. 첫째, 수익화를 염두에 둔 전략적인 채널 운영. 둘째, 콘텐츠의 가치와 수익성 사이의 균형. 셋째, 열성적인 팬덤을 구축하는 개성.

이번 장에서 만난 크리에이터들의 예를 살펴보자. 「파파네가족」은 희소성 있는 장난감을 리뷰하며 아이들과 그들의 부모를 구독자로 모았고(팬덤 구축) 더 다양한 광고주와의 접점을 만들고자 가족 일상 채널로 범위를 확장(채널 전략)했다. 광고주로부터 의뢰를 받으면 광고 메시지를 담으면서도 아이의 순수함을 내세워 재미있고 친근감 있는 콘텐츠로 제작한다.

「화니의 주방」 채널은 개성 강한 콘셉트로 열성적인 팬들을 만들었다. 흔한 요리 콘텐츠를 탈피해 자신만의 스토리텔링이 담긴 콘텐츠로 채널을 채워나갔고(채널 전략) '늑대식당'과 같은 시리즈물이나 요리에 대한 깊이 있는 설명 콘텐츠로 재미와 정보 속에 광고 메시지를 자연스럽게 녹여냈다.

이는 현재의 크리에이터 수익 창출 방법들로 도출한 특징들이지만 미래 크리에이터 이코노미에서도 필요할 것으로 보인다. 앞서 설명했듯 2023년 기준 크리에이터 이코노미 1.0에서 2.0으로 넘어가는 이행기다. 유튜브와 같은 콘텐츠 플랫폼은 직접 후원과 광고 수익 배분 등으로 크리에이터에게 콘텐츠에 대한 보상을 줌으로써 크리에이터라는 직업이 가능하게 만들었다. 크리에이터 이코노미 1.0 시대가 본격적으로 열렸던 것이다.

브랜디드 콘텐츠는 이 같은 플랫폼에 크리에이터들과 시청자들이 모여들면서 가능해진 수익 모델이다. 이 과정에서 플랫폼이 크리에이터에게 준 보상을 눈여겨볼 필요가 있다. 플랫폼의 가장 기본적인 목표는 더 많은 사람을 모이게 만드는 것이다. 콘텐츠 플랫폼은 콘텐츠를 만드는 크리에이터가 많이 참여하도록 만들고 양질의 콘텐츠를 만드는 좋은 크리에이터를 떠나지 않게 붙잡으려 한다. 콘텐츠 보상을 하는 것은 이 때문이다. 좋은 크리에이터들은 많은 구독자를 불러들이고 더 오랜 시간 플랫폼에 머무르게 한다. 플랫폼이 원하는 바다.

크리에이터 이코노미 2.0 시대가 본격적으로 열리기 시작했지만 플랫폼의 목표는 달라지지 않는다. 사람들을 머무르게 하는 것이 가장 중요하다. 어떤 종류의 플랫폼이든 사람이 모이지 않으면 운영될 수 없을 것이다. 이러한 플랫폼의 기본 속성상 플랫폼이 기대하는 크리에이터의 역할은 분명하다. 플랫폼에서 영향력 있는 크리에이터란 사람을 불러들이고 머물게 한다. 플랫폼에 직접적인 수익이 없는 고객직접판매D2C 방식의 수익 활동을 크리에이터가 진행한다고 해도 제재할 수 없다. 유튜브에서 만들어진 팬덤을 대상으로 유료 구독 뉴스레터를 발행한다고 해도 그에 대한 권리를 주장할 수 없다. 어차피 유튜브로선 그 뉴스레터를 구독할 만큼 열정적인 팬들을 떠나게 할 수 없기 때문이다. 이는 콘텐츠 NFT 거래와 메타버스의 활성화가 예상되는 미래에도 달라지지 않을 것이다. 다가올 미래의 환경은 예측하기 어렵지만 어떤 환경에서라도 크리에이터의 수익은 사람들을 모으고 사람들의 지지를 받는 데에서 만들어질 것이다.

이제까지 살펴봤듯 크리에이터의 핵심적인 수익 활동은 팬으로부터 나온다. 시청자를 팬으로 만들려면 크리에이터의 개성이 필요하고 적극적인 소통이 필요하다. 팬을 바탕으로 수익을 창출하려면 자신의 팬들에게 적합한 전략으로 접근해야 한다. 모든 부분이 사람에 대한 이해가 필요한 과정이다. 디지털 기술의 발전을 이해하고 적응하는 것도 크리에이터에게 분명 중요하다. 하지만 그보다 변화하는 환경에서도 수익을 내며 활동을 지속하려면 사람을 사로잡아 팬을 만드는 역량이 더 중요하다.

브랜드 마케팅 분야에서 팬덤 구축을 위해 브랜드의 팬클럽을 만들고 브랜드를 대표하는 캐릭터를 만드는 시도도 이와 무관하지 않다. 기술적 환경이 변해도 사람들에게 지지를 받아야 수익을 창출할 수 있다는 사실은 변하지 않는다. 크리에이터의 수익 창출에 대한 고민은 미래에 다가올 어떠한 환경에서도 팬덤 구축이라는 결론으로 귀결될 수밖에 없다.

미주

1장 전 세계 인플루언서가 서울에 모이다

1. 영미권에서는 주로 UGC_{User Generated Contents}라는 용어를 사용한다.

2. 「UCC 스타를 아시나요?」, KBS, 2006. 12. 27. (https://news.kbs.co.kr/news/view.do?ncd=1274779)

3. 「국민 529명당 1명이 유튜버⋯세계 1위 '유튜브 공화국'」, 머니투데이, 2021. 02. 14., https://news.mt.co.kr/mtview.php?no=2021021311274021985

2장 K크리에이터의 글로벌 진출이 활발해진다

1. https://youtu.be/NjI0vlIctD0

2. 이슬람의 절기 중 하나. 이슬람력으로 9월을 뜻하며 일출부터 일몰 전까지 먹거나 마시지 않는 기간이다.

4장 크리에이터 미래 트렌드를 제시한다

1. Marshall Mcluhan, 「Understanding Media : The Extension of Man」, 니콜라스 카, 「생각하지 않는 사람들」, 청림출판, 2011, 137쪽 재인용

2. 필립 코틀러, 허마원 카타자야, 이완 세티아완, 「필립 코틀러의 마켓 4.0」, 도서출판 길벗, 2017, 83~84쪽

5장 K크리에이터는 누구인가

1. 샌드박스 네트워크, 「나는 유튜브 크리에이터를 꿈꾼다」, 위즈덤하우스, 2018, 29~30쪽

2. 로버트 킨슬·마니 페이반, 「유튜브 레볼루션 : 시간을 지배하는 압도적 플랫폼」, 위즈덤하우스, 2018, 150~155쪽

3. 안준한, 「유튜브를 넘어서」, 동아시아, 2022, 29~30쪽

4. 「페이스북 이탈한 2030 세대, '숏폼 콘텐츠'로 간다」, 아시아경제, 2022. 08. 27., https://www.asiae.co.kr/article/2022082608342249658

5. 여성BJ가 토크나 노래, 춤 등을 콘텐츠로 진행하는 인터넷 방송을 말한다.

6. 대도서관, 「유튜브의 신」, 비즈니스북스, 2018, 99쪽

6장 주목 경제 시대에 어떻게 K콘텐츠를 만들 것인가

1. 김내훈, 「프로보커터」, 서해문집, 2021, 35~36쪽

2. 크리스 스토클-워커, 「유튜버들」, 미래의창, 2020, 67쪽

3. 같은 책, 68쪽

4. 김성우·엄기호, 『유튜브는 책을 집어삼킬 것인가』, 따비, 2020, 96~97쪽, 129쪽

5. 옥스퍼드 이코노믹스, 「한국의 기회를 위한 플랫폼 : 2021년 한국 내 유튜브의 경제적, 사회적, 문화적 영향력 평가」, 2022

6. 샐리 호그셰드, 「세상을 설득하는 매혹의 법칙」, 오늘의 책, 2010, 96~97쪽, 103쪽

7. 김난도 외, 「트렌드 코리아 2023」, 미래의창, 2022, 169쪽

7장 어떻게 구독자를 팬으로 바꿀 것인가

1. 안정기, 박민영, 『크리에이터 이코노미』, 한빛비즈, 2023, 63쪽

2. '연반인'이라는 말은 SBS 직원으로 웹예능 「문명특급」 진행을 맡았던 재재가 자신을 소개할 때 사용하면서 유명해졌다. 이후 재재는 2023년에 퇴사해 연반인이 아니라 전업 방송인이 됐다.

3. 「'연반인 예능' 잘나가? 리스크도 크다」, 시사저널, 2022. 03. 15., https://www.sisajournal.com/news/articleView.html?idxno=234511

4. 「2022 대한민국 파워 유튜버 100 TOP 1~30」, 중앙일보, 2022. 09. 01., https://www.joongang.co.kr/article/25098778

5. 특정 춤이나 노래, 행위 등을 시도하는 유행을 말한다. '루게릭병' 환자를 돕는 기부 확산 목적으로 얼음물을 뒤집어쓰는 '아이스버킷 챌린지'가 대표적이다. 최근 국내에서는 아이돌 신곡의 안무를 여러 사람이 따라 추는 챌린지 콘텐츠가 확산되고 있다.

6. 박찬우, 「스노우볼 팬더밍」, 쌤앤파커스, 2020, 146쪽

7. 개스턴 레고부루·대런 매콜, 「스토리 스케이핑」, 이상미디어, 2015, 57쪽

8. 크리스 스토클-워커, 「유튜버들」, 미래의창, 2020, 158쪽

9. 김경집, 「6I 사고혁명」, 김영사, 2021, 355쪽

8장 K크리에이터는 국적을 초월한다

1. 이규탁, 「갈등하는 케이, 팝」, 스리체어스, 2020, 93쪽, 107쪽

9장 크리에이터 이코노미가 진화하다

1. '크리에이터 이코노미'란 개인 창작자가 자신의 창작물을 기반으로 수익을 올리는 비즈니스 생태계 또는 전체 산업을 뜻한다.

2. 「500명 중 1명, 유튜브로 돈 번다…'1%' 수익은?」, 서울신문, 2022. 09. 17., https://www.seoul.co.kr/news/newsView.php?id=20220917500042

3. 「극과 극 132조원 시장, 전업 유튜버 절반 1년에 128만원 못 번다」, 조선경제, 2023. 02. 24., https://www.chosun.com/economy/weeklybiz/2023/01/05/NWBG-KXGL6FDWDEMYGKIPKUJFAI/

4. 안정기, 박민영, 『크리에이터 이코노미』, 한빛비즈, 2023, 114~115쪽

5. https://superrare.com/mrmisang

6. 성소라·롤프 회퍼·스콧 맥러플린, 「NFT 레볼루션」, 더퀘스트, 2021, 226쪽

7. 일반적으로는 영어로 제품·상품을 총칭하는 말이지만 팬덤 문화에서는 연예인이나 유명인의 캐릭터를 활용한 기념품 또는 소품 등을 뜻한다.

8. 「MCN 사업의 그늘… 수익성 고민 빠진 샌드박스네트워크」, 스카이데일리, 2022. 12. 13., https://skyedaily.com/news/news_view.html?ID=175410

9. https://kk.org/thetechnium/1000-true-fans/

10. 재앙, 재난에 대비해 평소 철저히 준비하는 사람들을 일컫는 말. 프레퍼들은 각종 생존 도구들과 비상식량을 가지고 다니거나 집에 구비해둔다.

크리에이터 이코노미

초판 1쇄 인쇄 2024년 6월 21일
초판 1쇄 발행 2024년 6월 27일

지은이 김현우
펴낸이 안현주

기획 류재운 **편집** 안선영 김재열 **브랜드마케팅** 이승민 **영업** 안현영
디자인 표지 정태성 본문 장덕종

펴낸 곳 클라우드나인 　　**출판등록** 2013년 12월 12일(제2013-101호)
주소 우) 03993 서울시 마포구 월드컵북로 4길 82(동교동) 신흥빌딩 3층
전화 02-332-8939 　**팩스** 02-6008-8938
이메일 c9book@naver.com

값 20,000원
ISBN 979-11-92966-79-3 03320